PAPILLES
POUR TOUS !

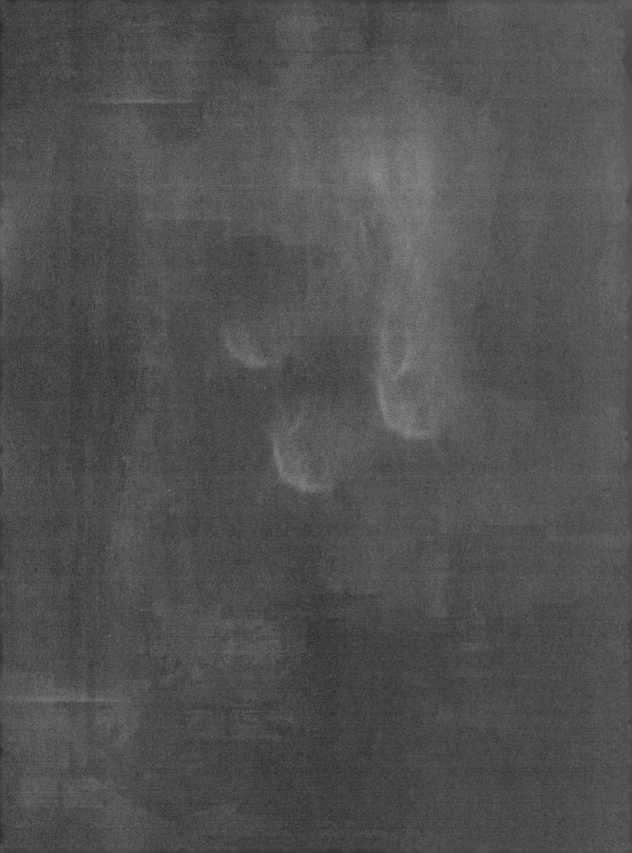

François **CHARTIER**

PAPILLES
POUR TOUS !

Cuisine aromatique
d'automne

Catalogage avant publication de Bibliothèque et Archives nationales du Québec et Bibliothèque et Archives Canada

Chartier, François
    Papilles pour tous! Cuisine aromatique d'automne
    (Collection Papilles pour tous!)
    ISBN 978-2-923681-90-0
    1. Cuisine. I. Titre.

TX714.C422 2011   641.5   C2011-941812-6

Directrice de l'édition : Martine Pelletier
Éditrice déléguée : Delphine Kermoyan
Auteur : François Chartier
Idée originale et collaboration à la recherche : Carole Salicco
Assistant au développement des recettes : Stéphane Modat
Rédaction des recettes : Stéphane Modat
Aide à la rédaction des recettes : Josée Brisson et Nicole Henri
Révision linguistique et correction : Nicole Henri
Conception et graphisme : cyclonedesign.ca

© Éditions La Presse
Tous droits réservés

Dépôt légal
Bibliothèque et Archives nationales du Québec, 2011
Bibliothèque et Archives nationales du Canada, 2011
2e trimestre 2011
978-2-923681-90-0

LES ÉDITIONS
LA PRESSE

Présidente
Caroline Jamet

7, rue Saint-Jacques
Montréal (Québec)
514 285-7127

L'éditeur bénéficie du soutien de la Société de développement des entreprises culturelles du Québec (SODEC) pour son programme d'édition et pour ses activités de promotion.

L'éditeur remercie le gouvernement du Québec de l'aide financière accordée à l'édition de cet ouvrage par l'entremise du Programme de crédit d'impôt pour l'édition de livres, administré par la SODEC.

L'éditeur reconnaît l'aide financière du gouvernement du Canada par l'entremise du Programme d'aide financière de l'industrie de l'édition (PADIÉ) pour ses activités d'édition.

Imprimé au Canada

Table des matières

CONDIMENTS ET MARINADES

PETIT-DÉJEUNER ET BRUNCH

→ Introduction

VOS RECETTES DU QUOTIDIEN, transformées en un tournemain par les arômes de **Papilles**. Voilà ce que vous propose cette toute nouvelle collection, *Papilles pour tous !*, déclinée en quatre saisons – **Cuisine aromatique d'automne, d'hiver, de printemps et d'été** – , chaque ouvrage offrant plus ou moins 200 recettes.

L'idée est simple : réinventer les repas de tous les jours en métamorphosant les recettes classiques de votre quotidien, grâce aux pistes aromatiques des aliments complémentaires partageant le même profil de saveur. Ces recettes sont à la portée de tous, tant par le prix et la disponibilité des aliments dans toutes les épiceries que par la facilité déconcertante de leur exécution !

VRAIMENT ?

Prenons l'exemple du sucre à la crème, dont la saveur dominante est la même qui signe le sirop d'érable, le curry, le girofle, la cannelle, la noisette, l'amande, le thé fumé et même le scotch. Tout en demeurant dans votre zone de confort – tout le monde a une recette de sucre à la crème ! –, nous vous proposons cinq nouvelles versions de sucre à la crème aromatisé à l'érable et au curry, au clou de girofle et au scotch, au thé fumé et à la cannelle, aux noisettes grillées et à la liqueur Frangelico, ou encore aux amandes grillées et à la liqueur Amaretto.

MAIS ENCORE ?

Sur la piste aromatique du fromage en grains, il y a la coriandre fraîche, la pomme, le basilic, la carotte, le safran, le gingembre, le litchi, le raisin muscat et le curcuma. Tous partagent le même profil aromatique que notre fromage en « crottes » national. Il suffit d'utiliser ces ingrédients pour aromatiser ces grains de cheddar et les transformer en de nouvelles bouchées apéritives, qui se marieront à la perfection aux vins et aux bières servis. Nous vous en proposons six versions simplissimes. Une sorte d'anoblissement du fromage en « crottes » québécois !

Afin de rendre ce livre aussi accessible que les aliments qui ont servi de canevas à nos recettes, j'ai opté pour un format facile à utiliser en cuisine, sans photo, et ainsi permettre une mise en marché à un prix très accessible. Ici, l'idée de photos ne s'imposait pas, puisque les recettes sont en grande partie inspirées de recettes que vous connaissez déjà. Donc un livre « vintage ». Un clin d'œil aux livres fondateurs d'une autre époque, tels *La cuisine raisonnée* et *L'Encyclopédie de la cuisine de Jehane Benoît*.

Enfin, sachez qu'avec ce livre, et les trois autres tomes à venir au fil des saisons, vous serez à l'avant-garde de mes nouvelles recherches aromatiques sur les aliments et les vins. Les résultats de mes recherches seront décrits de façon plus détaillée dans le tome II de *Papilles et Molécules – La science aromatique des aliments et des vins*, à paraître au milieu de l'année 2012.

Agneau, agrumes, ail, algue, amande, asperge, betterave, cabernet sauvignon, cardamome, cerise, chardonnay, crustacés, gin, graine de coriandre, endive, mangue, merlot, miso, noix, pamplemousse rose, pêche, pinot noir, poissons, poulet, oignon, riz, scotch, sésame, syrah et tomate ne sont que quelques-uns des multiples aliments et ingrédients sur lesquels j'ai approfondi mes recherches depuis la parution de **Papilles et Molécules**, et dont vous trouverez les applications pratiques en cuisine et à table dans les quatre ouvrages **Papilles pour tous !**

POURQUOI PAPILLES POUR TOUS !?

Pourquoi vouloir rafraîchir la cuisine quotidienne par le principe d'harmonies aromatiques?

La première raison s'est imposée d'elle-même. Depuis que j'ai développé ce principe, tiré de cette nouvelle science que j'ai nommée « harmonies et sommellerie moléculaires », tant pour la création en cuisine que pour l'harmonie de cette dernière avec les vins et autres boissons, j'ai su que les résultats de mes recherches alimentaires devaient être accessibles à tous, aussi bien dans la cuisine dite gastronomique que dans celle de tous les jours.

Au départ, mes recherches visaient la compréhension scientifique de l'harmonie vins et mets. Or, à ma grande surprise, elles m'ont permis de mieux comprendre les aliments, en découvrant leur structure aromatique et les arômes qui donnent leur saveur, leur signature identitaire.

Ce travail harmonique propose donc un double emploi. D'un côté, une lumière plus juste sur l'harmonie vins et mets; de l'autre, de nouveaux chemins de créativité en cuisine par l'harmonie des arômes des aliments de même profil aromatique, tout en étant accessible aux chefs comme aux cuisiniers maison de nos repas au quotidien.

Une tomate restera toujours une tomate avec sa saveur intrinsèque, peu importe qui la cuisine. Si je vous dis, grâce à mes recherches aromatiques, que le melon d'eau, le pamplemousse rose et le paprika partagent le même profil que la tomate, vous pouvez tous profiter de ces données.

Un grand chef créera un plat en utilisant ses techniques et son expérience.

Mais si vous êtes, comme la majorité de la population, une personne dont l'activité principale n'est pas de cuisiner, mais qui doit le faire pour se nourrir et, je l'espère, pour ses petits plaisirs, il vous sera alors possible de concocter une salade de tomates et melon d'eau, arrosée d'une vinaigrette au jus de pamplemousse rose et paprika, qui aura le même gène de saveur que la recette transformée par le grand chef. Et cela, vous tous pouvez le faire.

La deuxième raison de cette idée de recettes pour tous est en partie liée à un passage d'un texte écrit en marge du colloque « Lectures du patrimoine alimentaire : pour une étude de la gastronomie québécoise » par Geneviève Sicotte (professeure de littérature à l'Université Concordia, coresponsable du colloque) en mai 2011, qui traduit l'état actuel des lieux, et qui m'a une fois de plus convaincu que j'étais, avec mon complice Stéphane Modat, sur la bonne voie :

« D'un côté, on s'approprie le patrimoine culinaire, mais, d'un autre, la cuisine est de moins en moins accessible. Certaines émissions présentent des recettes compliquées où le temps est compté. D'autres nécessitent toute une batterie de matériel hyperspécialisé et coûteux. Cela ne donne pas envie de cuisiner. »

Avec cette collection, j'entends donc, humblement, mettre en valeur les repas du quotidien, tant le lunch que l'apéritif, le souper, le déjeuner et le brunch, tout en magnifiant le plaisir de les imaginer, de les transformer, de les préparer et, bien sûr, de les déguster. Je vous le dis, plus que jamais, **Papilles pour tous !**

François CHARTIER

www.francoischartier.ca
www.papillesetmolecules.com
www.tastebudsandmolecules.com

François Chartier

Photo : Télé-Québec

Grâce à ses recherches novatrices en cuisine, le sommelier-chercheur-cuisinier de réputation internationale, François Chartier, est aujourd'hui considéré comme l'une des têtes chercheuses en matière de création de recettes. De 2008 à 2011, il a agi à titre de consultant à la création de plats auprès du chef Ferran Adrià, du célèbre restaurant espagnol elBulli. Les premiers résultats de ses recherches, qu'il mène depuis 2006 au Québec et en Europe, en «harmonies et sommellerie aromatiques», discipline dont il est l'auteur, ont été publiés dans le tome I du livre à succès *Papilles et Molécules,* qui a reçu en février 2010, à Paris, le prestigieux prix du Meilleur livre de cuisine au monde, catégorie innovation. La version anglaise, *Taste Buds and Molecules,* a été publiée au Canada anglais la même année, et le sera en 2012 aux États-Unis. Les droits de traduction ont également été vendus à la Hongrie et à la Russie. Il a aussi publié les livres de recettes à succès *À table* avec François Chartier et *Les recettes de Papilles et Molécules,* ce dernier en collaboration avec le chef Stéphane Modat, avec qui il signe cet ouvrage *Papilles pour tous !* Auteur de *La Sélection Chartier* depuis 16 ans, il donne rendez-vous tous les samedis, depuis 2002, aux lecteurs de la chronique HARMONIES cuisine et vins dans le quotidien La Presse. À compter de janvier 2012, le duo Chartier/Modat animera la nouvelle émission *Papilles*, à la télévision de Télé-Québec. Enfin, le site Internet *www.papillesetmolecules.com* vient compléter la fabuleuse histoire de *Papilles et Molécules !*

Stéphane Modat

Photo : xDachez

Le chef Stéphane Modat, établi au Québec depuis 11 ans, est originaire de Perpignan en France, et l'un des grands chefs de sa génération. Il a déjà été aux fourneaux du prestigieux restaurant Le Jardin des Sens à Montpellier, triple étoilé Michelin des illustres frères Pourcel. À Québec, Stéphane était le chef et le cofondateur du réputé restaurant Utopie, ouvert en 2004, qui a fermé ses portes à l'automne 2009. Depuis l'automne 2009, Stéphane a aussi pris le temps de se ressourcer en explorant les univers gastronomiques qu'offrent Hong Kong et Séoul, ainsi que le Japon et le Maroc, et il se consacre à temps plein aux travaux de création aromatique avec François Chartier, avec qui il a publié, en mai 2010, *Les recettes de Papilles et Molécules,* et avec qui il coanimera la nouvelle émission de télévision *Papilles*, en onde à Télé-Québec dès janvier 2012.

Comment utiliser
Papilles pour tous !

Notez qu'à partir des ingrédients complémentaires aux aliments dominants dans chacune des recettes, dont vous trouverez les pistes plus détaillées dans le volume I de *Papilles et Molécules*, ainsi que dans le volume II, à venir au milieu de l'année 2012, vous pourrez aussi transformer ces recettes comme bon vous semble. L'important est de choisir des aliments de même famille aromatique afin que la synergie aromatique opère entre les ingrédients.

Les recettes de ce livre ont toutes été prévues pour 4 personnes.

INGRÉDIENTS COMPLÉMENTAIRES DOMINANTS

Aliments/ingrédients de même famille aromatique que l'ingrédient dominant dans la recette proposée.

ASTUCE AROMATIQUE

Piste aromatique à suivre pour transformer cette recette, ainsi que d'autres possibilités de pistes.

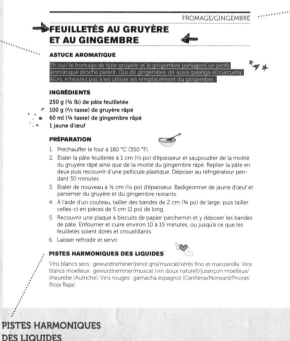

FROMAGE/GINGEMBRE

FEUILLETÉS AU GRUYÈRE ET AU GINGEMBRE

ASTUCE AROMATIQUE

Eh oui ! le fromage de type gruyère et le gingembre partagent un profil aromatique proche parent. Qui dit gingembre, dit aussi galanga et curcuma. Alors, n'hésitez pas à les utiliser en remplacement du gingembre.

INGRÉDIENTS

- 250 g (½ lb) de pâte feuilletée
- 100 g (⅔ tasse) de gruyère râpé
- 60 ml (¼ tasse) de gingembre râpé
- 1 jaune d'œuf

PRÉPARATION

1. Préchauffer le four à 180 °C (350 °F).
2. Étaler la pâte feuilletée à 1 cm (⅓ po) d'épaisseur et saupoudrer de la moitié du gruyère râpé ainsi que de la moitié du gingembre râpé. Replier la pâte en deux puis recouvrir d'une pellicule plastique. Déposer au réfrigérateur pendant 30 minutes.
3. Étaler de nouveau à ½ cm (⅛ po) d'épaisseur. Badigeonner de jaune d'œuf et parsemer du gruyère et du gingembre restants.
4. À l'aide d'un couteau, tailler des bandes de 2 cm (¾ po) de large, puis tailler celles-ci en pièces de 5 cm (2 po) de long.
5. Recouvrir une plaque à biscuits de papier parchemin et y déposer les bandes de pâte. Enfourner et cuire environ 10 à 15 minutes, ou jusqu'à ce que les feuilletés soient dorés et croustillants.
6. Laisser refroidir et servir.

PISTES HARMONIQUES DES LIQUIDES

Vins blancs secs : gewurztraminer/pinot gris/muscat/xérès fino et manzanilla. Vins blancs moelleux : gewurztraminer/muscat (vin doux naturel)/jurançon moelleux/sheurebe (Autriche). Vins rouges : garnacha espagnol (Cariñena/Monsant/Priorat/Rioja Baja).

PISTES HARMONIQUES DES LIQUIDES

Propositions de vins et autres liquides/boissons afin d'atteindre la zone de confort harmonique avec facilité.

Remerciements de l'auteur

À MA CONJOINTE, Carole Salicco, merci d'avoir eu l'idée de cette collection en quatre saisons, accessible à tous, en plus d'être là à tous les instants, au-dessus de mes petites épaules... Tu avais eu l'idée de *La Sélection Chartier*, il y a 16 ans déjà, et voilà qu'une deuxième idée forte a germé en toi, qui prend forme et fera, j'en suis convaincu, le bonheur des lecteurs qui nous suivent depuis toutes ces années.

Ce livre n'aurait pas été possible sans l'amitié et l'étroite complicité du chef Stéphane Modat, à qui j'ai communiqué mes idées de recettes et qu'il a su transformer avec maestria grâce à mes pistes aromatiques. Tu possédais déjà ton style singulier et ton chemin de créativité unique. Que tu aies ajouté à ton arc mes pistes aromatiques me touche profondément. Longue vie à notre duo Mc^2!

À Nicole Henri, après plus de dix ans de loyaux services de révision linguistique (!), ta complicité va bien au-delà de la chose... Merci, entre autres, de nous avoir remis, Stéphane et moi, sur les bonnes pistes arithmétiques des conversions! À Josée Brisson, merci de nous avoir épaulés pendant une partie du projet.

À Ferran Adrià et Juli Soler du restaurant elBulli, ainsi qu'à l'œnologue Pascal Chatonnet et aux docteurs en biologie moléculaire Richard Béliveau et Martin Loignon, merci d'avoir été si présents et si généreux de vos expertises respectives, depuis 2006, lors des premières heures de mise en chantier du projet *Papilles et Molécules*. À mon ami Alain Labonté, qui a le fardeau d'être à la fois mon relationniste et mon agent... merci aussi d'être là quand ça compte, que dis-je, de ta disponibilité vingt-quatre heures sur vingt-quatre (!), et d'avoir un œil avisé sur le visuel de cette collection, tout comme sur sa mise en marché.

Enfin, à l'équipe des Éditions La Presse, à commencer par Martine Pelletier, directrice de l'édition, et Delphine Kermoyan, éditrice déléguée, merci de vos conseils avisés et de votre précieux temps – et heures supplémentaires! Quant à Caroline Jamet, nouvelle présidente des Éditions La Presse, merci d'avoir accepté ce projet en cours de route et d'apporter ton expérience aux succès futurs de cette nouvelle collection.

Les
recettes

COCO COGNAC COCKTAIL

ASTUCE AROMATIQUE

Pour avoir été, dans une autre époque, un grand consommateur de ce cocktail classique et gourmand – et calorique à souhait ! -, la piste aromatique des arômes de la barrique dans laquelle le cognac est élevé, tout comme ceux de la liqueur de café, m'a donné l'idée d'y ajouter du thé noir fumé, exhalant le même profil aromatique que le cognac et le Kalhua.

INGRÉDIENTS

(Pour 1 cocktail)
1,25 ml (¼ c. à thé) de thé noir fumé (Lapsang Souchong)
60 ml (¼ de tasse) de lait 3,25 %
30 ml (2 c. à soupe) de cognac
15 ml (1 c. à soupe) de liqueur de café (Kalhua)

PRÉPARATION

1. Dans un mortier, déposer le thé noir fumé et le réduire en poudre à l'aide d'un pilon. Réserver.

2. Dans une petite casserole, verser le lait et faire chauffer. Déposer la poudre de thé noir fumé et laisser infuser pendant 3 minutes. Filtrer à l'aide d'une passoire à thé, puis laisser refroidir au réfrigérateur.

3. Dans un *shaker*, déposer quelques glaçons, puis verser le lait, le cognac et la liqueur de café. Frapper et verser en filtrant dans un verre à martini.

PISTES HARMONIQUES DES LIQUIDES

Ben là ! C'est assez liquide comme ça. Par contre, n'hésitez pas à servir ce cocktail réinventé en accompagnement de notre simplissime recette de mousseux fondant au chocolat noir et thé fumé, publiée dans *Les recettes de Papilles et Molécules*.

COCKTAIL CAMPARI « SOLIDE »

ASTUCE AROMATIQUE

Une recette de cocktail « solide » qui m'a été inspirée du classique Campari et jus d'orange. Nous l'avons mise à l'épreuve avec succès en servant ce cocktail « solide » à 400 personnes lors du repas dégustation de la Fondation des maladies mentales, le 13 avril 2011. L'eau de fleur d'oranger donne le ton, tandis que les graines de coriandre, de même famille que l'orange, apportent du relief à l'ensemble. Vos invités seront charmés et surpris de recevoir un cocktail dans une cuillère à leur arrivée !

INGRÉDIENTS

SIROP DE BASE

5 ml (1 c. à thé) de graines de coriandre
250 ml (1 tasse) d'eau
100 g (²/₅ tasse) de sucre
2,5 ml (½ c. à thé) de zeste d'orange
22, 5 ml (1 ½ c. à soupe) de jus d'orange navel

COCKTAIL CAMPARI « SOLIDE »

5 g (1 c. à thé) de graines de coriandre
75 ml (¹/₃ tasse) de sirop de base froid
75 ml (¹/₃ tasse) de Campari
3,75 ml (¾ c. à thé) de zeste d'orange
7,5 ml (1 ½ à thé) d'eau de fleur d'oranger
30 ml (2 c. à soupe) de jus d'orange navel
5 ml (1 c. à thé) de jus de citron
2 g (½ c. à thé) d'agar-agar en poudre

PRÉPARATION

1. **Préparer le sirop de base.** Dans une poêle, torréfier les graines de coriandre à feu moyen jusqu'à ce qu'elles relâchent leur arôme.

2. Dans un mortier, déposer les graines de coriandre et concasser à l'aide d'un pilon, puis réserver.

3. Dans une casserole à fond épais, verser l'eau, le sucre et les graines de coriandre concassées. Porter à ébullition. Retirer du feu, puis ajouter le zeste et le jus d'orange. Laisser refroidir et réserver.

4. **Préparer le cocktail Campari « solide ».** Dans un mortier, déposer les graines de coriandre et concasser à l'aide d'un pilon. Réserver.

5. Dans un bol à mélanger, verser le sirop de base froid, le Campari, le zeste d'orange, l'eau de fleur d'oranger, le jus d'orange navel, le jus de citron et les graines de coriandre concassées. Mélanger le tout.

6. Prélever le tiers de la préparation et verser dans une casserole. Ajouter l'agar-agar, puis faire bouillir la préparation 2 minutes en fouettant constamment.

7. Retirer la casserole du feu et incorporer le reste de la préparation. Passer le tout au chinois étamine et verser la préparation dans un contenant rectangulaire en plastique (à fond plat). Laisser refroidir sur le comptoir*.

8. Lorsque la préparation est bien prise en une gelée solide, couper des cubes égaux à l'aide d'un couteau d'office. Placer chaque cube dans une cuillère de type chinoise en porcelaine.

* Il est très important de ne pas faire refroidir la gelée au réfrigérateur (même si la texture demeure intéressante après une réfrigération) et de préparer le tout au dernier moment pour que la texture désirée demeure stable.

PISTES HARMONIQUES DES LIQUIDES

Créé pour s'unir à la bière blanche Inédit, signée par elBulli, ce canapé/cocktail ira aussi à la rencontre d'un riesling, tout comme d'un muscat sec.

CURRY/LAIT/RHUM BRUN/SIROP D'ÉRABLE

COCKTAIL COCO RHUM BRUN GIVRÉ CURRY/ÉRABLE

ASTUCE AROMATIQUE

Sur l'idée de coco cognac cocktail (voir page 17), nous avons créé quelques versions de cocktails, comme ici, en remplaçant le cognac par du rhum brun, puis sommes partis sur la piste aromatique de ce dernier, en y ajoutant le sirop d'érable et en givrant le verre avec le duo curry/érable. On aurait facilement pu en faire une autre version avec le Sortilège, qui est un whisky canadien au sirop d'érable, et en y ajoutant aussi soit du gingembre, soit du café, qui sont deux des fortes pistes aromatiques du vieux rhum brun.

INGRÉDIENTS

GIVRAGE DU VERRE

60 ml (¼ tasse) de sirop d'érable
15 ml (1 c. à soupe) de poudre de curry jaune

COCKTAIL

60 ml (¼ tasse) de lait 3,25 %
30 ml (2 c. à soupe) de vieux rhum brun
15 ml (1 c. à soupe) de sirop d'érable

PRÉPARATION

1. Préparer deux petites assiettes. Dans la première, verser le sirop d'érable pour obtenir une fine couche uniforme et dans la deuxième, la poudre de curry.

2. Tremper le verre dans le sirop d'érable, laisser égoutter le surplus puis déposer, à l'envers dans l'assiette de curry, le temps que le sirop soit absorbé par la poudre de curry et qu'il ne coule pas sur les parois du verre.

3. Dans un *shaker*, mélanger tous les ingrédients liquides, verser dans le verre givré et déguster.

PISTES HARMONIQUES DES LIQUIDES

En cocktail bien sûr, mais aussi, en petit *shooter* au dessert, plus particulièrement en harmonie avec notre recette de cannelés_Mc² (voir page 147).

COCKTAIL COCO RHUM BRUN ÉRABLE/ GINGEMBRE, GIVRÉ CURRY

ASTUCE AROMATIQUE

Comme pour nos autres versions de cocktail coco rhum brun, nous avons transformé le classique coco cognac en quelques versions à base de vieux rhum brun, comme ici, en y ajoutant du gingembre et du curry, tous deux sur la piste aromatique des vieilles eaux-de-vie de canne à sucre.

INGRÉDIENTS

GIVRAGE DU VERRE

60 ml (¼ tasse) de sirop d'érable
15 ml (1 c. à soupe) de poudre de curry jaune

COCKTAIL

60 ml (¼ tasse) de lait 3,25 %
30 ml (⅛ tasse) de vieux rhum brun
15 ml (1 c. à soupe) de sirop d'érable
2,5 ml (½ c. à thé) de gingembre en poudre

PRÉPARATION

1. Préparer deux petites assiettes. Dans la première, verser le sirop d'érable pour obtenir une fine couche uniforme et dans la deuxième, la poudre de curry.
2. Tremper le verre dans le sirop d'érable, laisser égoutter le surplus puis déposer, à l'envers dans l'assiette de curry, le temps que le sirop soit absorbé par la poudre de curry et qu'il ne coule pas sur les parois du verre.
3. Dans un *shaker*, mélanger tous les ingrédients liquides, verser dans le verre givré et déguster.

PISTES HARMONIQUES DES LIQUIDES

En cocktail, mais aussi en petit *shooter* au dessert.

COCKTAIL COCO RHUM BRUN CAFÉ/ ÉRABLE

ASTUCE AROMATIQUE

Comme pour notre cocktail coco rhum brun givré curry/érable (voir page 19), nous avons transformé le classique coco cognac en quelques versions à base de rhum brun, comme ici, en y ajoutant du café et du sirop d'érable, tous deux sur la piste aromatique des vieilles eaux-de-vie de canne à sucre.

INGRÉDIENTS

GIVRAGE DU VERRE

60 ml (¼ tasse) de sirop d'érable
15 ml (1 c. à soupe) de poudre de curry jaune

COCKTAIL

60 ml (¼ tasse) de lait 3,25 %
30 ml (2 c. à soupe) de vieux rhum brun
5 ml (1 c. à thé) de sirop d'érable
2,5 ml (½ c. à thé) de café instantané

PRÉPARATION

1. Préparer deux petites assiettes. Dans la première, verser le sirop d'érable pour obtenir une fine couche uniforme et dans la deuxième, la poudre de curry.

2. Tremper le verre dans le sirop d'érable, laisser égoutter le surplus puis déposer, à l'envers dans l'assiette de curry, le temps que le sirop soit absorbé par la poudre de curry et qu'il ne coule pas sur les parois du verre.

3. Dans un *shaker*, mélanger tous les ingrédients liquides, verser dans le verre givré et déguster.

PISTES HARMONIQUES DES LIQUIDES

En cocktail, mais aussi en petit *shooter* au dessert, plus particulièrement en harmonie avec l'une de nos variations de crème brûlée au café (voir pages 149 à 154).

COCKTAIL COCO RHUM BRUN GIVRÉ SOYA/BALSAMIQUE/SUCRE D'ÉRABLE

ASTUCE AROMATIQUE

Une autre version à base de rhum brun inspirée du classique coco cognac cocktail, mais disons un brin plus éclectique ! C'est que la piste aromatique du vieux rhum brun nous conduit aussi vers la sauce soya et le vinaigre balsamique. Qu'à cela ne tienne, nous avons effectué une réduction soya/balsamique, afin de nous servir de ce liquide pour givrer les parois du verre avec du sucre d'érable. Certes original, mais surtout très bon !

INGRÉDIENTS

GIVRAGE DU VERRE

60 ml (¼ tasse) de sauce soya
60 ml (¼ tasse) de vinaigre balsamique
Sucre d'érable fin en quantité suffisante

COCKTAIL

60 ml (¼ tasse) de lait 3,25 %
30 ml (2 c. à soupe) de SORTILÈGE

PRÉPARATION

1. Dans une petite casserole, réduire ensemble, de moitié et à feu très doux, la sauce soya et le vinaigre balsamique.

2. Préparer deux petites assiettes. Dans la première, verser la réduction soya/balsamique pour obtenir une fine couche uniforme et dans la deuxième le sucre d'érable.

3. Tremper le verre dans la réduction, laisser égoutter le surplus puis déposer, à l'envers dans l'assiette de sucre d'érable, le temps que le sirop soit absorbé par la poudre de sucre et qu'il ne coule pas sur les parois du verre.

4. Dans un *shaker*, mélanger tous les ingrédients liquides, verser dans le verre givré et déguster.

PISTES HARMONIQUES DES LIQUIDES

En cocktail, mais aussi en petit *shooter* au dessert, avec notre recette de pain d'épices (voir page 171).

SAUCE SOYA/ÉRABLE/CURRY/SÉSAME

AILES DE POULET À LA SAUCE SOYABLE

ASTUCE AROMATIQUE

Sur la piste de l'érable et du soya, il y a le curry. Vous pouvez donc aisément remplacer la pâte de curry par un aliment de même famille aromatique que notre sauce soyable : le sel de céleri, le chipotle, le pimentón, la cannelle ou le vinaigre balsamique. Ou encore ajouter l'un de ces ingrédients. Voilà la liberté d'action qu'offre cette « cuisine aromatique » !

INGRÉDIENTS

1 kg (2 lb) d'ailes de poulet

SAUMURE

55 g (¼ tasse) de gros sel
50 g (¼ tasse) de cassonade
1 l (4 tasses) d'eau bouillante

SAUCE SOYABLE (recette tirée de *Recettes de Papilles et Molécules*)

250 ml (1 tasse) de sirop d'érable foncé
125 ml (½ tasse) de sauce soya
5 ml (1 c. à thé) d'extrait de réglisse noire (type Zan)

MARINADE

250 ml (1 tasse) de sauce soyable
30 g (2 c. à soupe) de pâte de curry jaune, douce ou moyenne
62,5 ml (¼ tasse) de graines de sésame grillées
30 ml (2 c. à soupe) d'huile d'olive

PRÉPARATION

1. Tailler chaque aile de poulet en deux parties. Réserver au réfrigérateur.
2. **Préparer la saumure.** Dans un grand bol à mélanger, déposer le sel et la cassonade. Verser l'eau bouillante et mélanger à l'aide d'une cuillère de bois pour dissoudre les ingrédients. Laisser refroidir complètement.
3. Lorsque la saumure est froide, ajouter les ailes de poulet. Recouvrir d'une pellicule plastique et réfrigérer pendant 1 heure.
4. **Préparer la sauce soyable.** Dans une casserole haute, mettre à bouillir le sirop d'érable pendant 1 minute. La température devra atteindre 110 °C (230 °F). Utiliser un thermomètre à bonbons.
5. Rajouter la sauce soya, puis remettre à bouillir quelques minutes, ou atteindre la même température de 110 °C (230 °F).
6. Ajouter la réglisse et transférer la sauce obtenue dans un pot de style Masson. Couvrir et faire refroidir avant de conserver au réfrigérateur.

7. **Préparer la marinade.** Dans un grand bol à mélanger, verser la sauce soyable, la pâte de curry, les graines de sésame grillées et l'huile d'olive. Mélanger le tout pour obtenir une préparation homogène. Retirer le quart de marinade et réserver.

8. Égoutter les ailes de poulet, puis les déposer sur un papier absorbant afin de bien les assécher.

9. Déposer les ailes de poulet dans la marinade et couvrir d'une pellicule plastique. Réfrigérer pendant 1 heure.

10. Préchauffer le four à 180 °C (350 °F).

11. Recouvrir une plaque à biscuits d'un papier parchemin, puis y déposer les ailes de poulet marinées. Enfourner et cuire 35 à 45 minutes, en les retournant à la mi-cuisson.

12. Retirer les ailes de poulet du four et, à l'aide d'un pinceau, lustrer avec la marinade réservée.

13. Déposer les ailes de poulet sur un plateau de service et déguster!

PISTES HARMONIQUES DES LIQUIDES

Le sirop d'érable et la sauce soya partageant un nombre élevé de composés aromatiques, la piste ici est toute tracée pour servir votre vin favori élevé en barriques. Qu'il soit rouge ou blanc, d'ailleurs! Et n'oubliez pas les bières brunes!

ORANGE/GRAINES DE CORIANDRE

 # AILES DE POULET BBQ

ASTUCE AROMATIQUE

Le terpénique duo orange/graines de coriandre étant de la même famille aromatique, nous avons donc parfumé les classiques ailes de poulet BBQ à l'orange avec la coriandre. Le balsamique, le thym et le cumin étant de même profil que les graines de coriandre, ils renforcent ainsi la synergie aromatique. Vous pourriez aussi utiliser l'eau de rose, la lavande, la citronnelle ou les jeunes pousses de cèdre.

INGRÉDIENTS

15 ml (1 c. à soupe) de graines de coriandre

2,5 ml (½ c. à thé) de sel fin

20 ailes de poulet

22,5 ml (1 ½ c. à soupe) de beurre

45 ml (3 c. à soupe) d'huile d'olive

1 oignon, haché finement

15 g (1 c. à soupe) de cassonade

62,5 ml (¼ tasse) de vinaigre balsamique

Le jus et le zeste de 1 orange

125 ml (½ tasse) de bouillon de poulet

2,5 ml (½ c. à thé) de graines de cumin

1 branche de thym frais

PRÉPARATION

1. Dans une poêle, torréfier délicatement les graines de coriandre à feu moyen jusqu'à ce qu'elles relâchent leur arôme.

2. Dans un mortier, déposer les graines de coriandre et concasser à l'aide d'un pilon. Réserver.

3. Dans un bol à mélanger, déposer le sel et les graines de coriandre concassées. Bien mélanger puis y déposer les ailes de poulet en les enduisant bien de marinade sèche. Couvrir et réfrigérer pendant au moins 6 heures.

4. Dans une casserole à fond épais, déposer le beurre et l'huile. Ajouter l'oignon et faire revenir jusqu'à coloration.

5. Ajouter la cassonade et faire caraméliser (blondir). Déglacer avec le vinaigre balsamique, puis ajouter le jus et le zeste d'orange. Faire bouillir et ajouter le bouillon de poulet. Réduire jusqu'à ce que la marinade atteigne la consistance d'un sirop. Ajouter le cumin concassé et le thym effeuillé. Retirer du feu puis réserver.

6. Rincer les ailes de poulet à l'eau claire et les assécher avec un papier absorbant.

7. Dans une poêle, colorer uniformément les ailes de poulet dans 30 ml (2 c. à soupe) d'huile d'olive. Il est important de les colorer sur toutes leurs faces. Les déposer ensuite dans la casserole de marinade et laisser macérer 1 heure.

8. Préchauffer le four à 180 °C (350 °F).

9. Recouvrir une plaque à biscuits d'une feuille de papier sulfurisé. Disposer les ailes sur la plaque puis enfourner. Cuire pendant 15 minutes en badigeonnant les ailes avec le reste de la marinade à l'aide d'un pinceau.

PISTES HARMONIQUES DES LIQUIDES

En blanc, optez pour un riesling australien. En rouge, pour un assemblage grenache/syrah/mourvèdre (GSM), qu'il soit australien ou rhodanien. Enfin, pensez aussi à un plus que terpénique thé blanc, comme le on ne peu plus riesling Bai Hao Yin Zhen 2011 Chine.

SIROP D'ÉRABLE/CHÊNE ET BARRIQUE

 # AMANDES PRALINÉES CACAO/CANNELLE

ASTUCE AROMATIQUE

Faciles, craquantes et diaboliquement délectables, ces amandes inspirées par les aliments complémentaires aux arômes du sirop d'érable et des vins élevés en barriques, dont le cacao et la cannelle, vous transformeront en grand chef !

INGRÉDIENTS

200 ml (¾ tasse) d'eau

50 ml (¼ tasse) de sirop d'érable

250 g (1 ¼ tasse) de sucre

250 g (½ lb) d'amandes avec la peau

5 ml (1 c. à thé) de cannelle en poudre
5 ml (1 c. à thé) de cacao en poudre sans sucre

PRÉPARATION

1. Dans une grande casserole à fond épais, verser l'eau, le sirop d'érable, le sucre et les amandes.

2. Porter à ébullition en remuant constamment pendant que l'eau s'évapore.

3. Lorsque le sucre commence à se troubler et devient sableux, retirer du feu. Ajouter la cannelle et le cacao. Continuer à remuer jusqu'à ce que les amandes soient complètement enrobées. Étendre sur une plaque et laisser refroidir.

4. Lorsque les amandes sont complètement refroidies, les placer dans un contenant hermétique et conserver.

PISTES HARMONIQUES DES LIQUIDES

Bière brune/xérès amontillado et oloroso/porto tawny/madère bual et malmsey/ rhum brun âgé/bourbon/amaretto. Mais aussi une Vodka Zubrowka « Herbe de Bison », marquée par des arômes de fève tonka, d'amande et de vanille. À vous de choisir !

CASSIS/VIN ROUGE

BETTERAVES ROUGES MARINÉES À LA CRÈME DE CASSIS ET VINAIGRE   DE VIN ROUGE

ASTUCE AROMATIQUE

Voici une marinade de betteraves crues, afin de rehausser vos sandwichs de bœuf grillé ou de porc, comme dans notre recette de sandwich vietnamien Banh-mi au porc pour syrah (voir page 86).

INGRÉDIENTS

2 betteraves rouges, tranchées finement
5 ml (1 c. à thé) de sel fin
160 ml (²/₃ tasse) d'eau tiède
80 g (¹/₃ tasse) de sucre
70 ml (4 ½ c. à soupe) de crème de cassis
100 ml (²/₅ tasse) de vinaigre de vin rouge

PRÉPARATION

1. Dans un bol à mélanger, déposer les tranches de betteraves, ajouter le sel fin et mélanger. Laisser dégorger pendant quelques minutes.

2. Déposer les betteraves dans une passoire et laisser égoutter. Transférer dans un pot Masson et réserver.

3. Dans un bol à mélanger, verser l'eau tiède et ajouter le sucre. Mélanger jusqu'à ce que le sucre soit dissous, puis ajouter la crème de cassis. Laisser tiédir et ajouter le vinaigre de vin rouge.

4. Verser la marinade sur les betteraves, fermer le pot et laisser mariner au réfrigérateur au moins une nuit avant de déguster.

PISTES HARMONIQUES DES LIQUIDES

Du vin rouge! Soit du pinot noir, qui est en lien direct avec le trio betterave/cassis/vinaigre de vin rouge, soit de la syrah si vous ajoutez cette marinade dans notre recette de sandwich vietnamien Banh-mi au porc pour syrah (page 86).

MISO

CAVIAR D'AUBERGINES RÔTIES AU MISO

ASTUCE AROMATIQUE

Aubergine et miso, même combat aromatique! Donc, nous avons magnifié le classique caviar d'aubergine. Comme le fromage bleu est aussi du même profil, alors servez ce caviar sur du pain rehaussé d'un fromage bleu. Vous pourriez utiliser aussi des genres de grissini au fromage, idéalement bleu, pour faire saucette dans ce caviar réinventé.

INGRÉDIENTS

2 grosses aubergines, taillées en deux dans le sens de la longueur
125 ml (½ tasse) d'huile d'olive
1 oignon moyen, haché grossièrement
2 gousses d'ail, hachées grossièrement
30 ml (2 c. à soupe) de vinaigre de riz sucré
30 ml (2 c. à soupe) de miso
Sel de mer et poivre du moulin

PRÉPARATION

1. Préchauffer le four à 180 °C (350 °F).

2. Déposer les moitiés d'aubergines (côté chair sur le dessus) sur une plaque à biscuits recouverte d'un papier parchemin.

3. Enduire les aubergines de la moitié de l'huile d'olive, puis enfourner. Cuire environ 30 minutes.

4. Lorsque les aubergines sont cuites, prélever la chair à l'aide d'une cuillère. Réserver.

5. Dans une petite casserole, verser la seconde moitié de l'huile, puis ajouter l'oignon et l'ail. Faire blondir le tout. Ajouter la chair d'aubergine. Après quelques minutes, verser le vinaigre de riz sucré et le miso. Mélanger et cuire de 2 à 3 minutes.

6. Dans le bol d'un mélangeur, verser la préparation d'aubergine, assaisonner et mélanger pour obtenir une purée lisse.

7. Verser la préparation dans un bol. Couvrir d'une pellicule plastique et réfrigérer.

ASTUCE

Tartiner une tranche de pain grillé, parsemer de quelques éclats de fromage bleu et gratiner au four !

PISTES HARMONIQUES DES LIQUIDES

Bière belge extra-forte ou brune d'abbaye, chardonnay boisé du Nouveau Monde, sauvignon blanc vendange tardive ou sauternes, libre à vous !

LAVANDE/RIESLING/CHAMPIGNON

CHAMPIGNONS DE PARIS ET SAUCE BONNE FEMME À LA LAVANDE

ASTUCE AROMATIQUE

En ajoutant la lavande à ce classique, la synergie aromatique avec le champignon devient plus que vibrante. Puis, en utilisant un riesling comme vin de cuisson, le résultat du trio champignon/lavande/riesling devient plus grand que la somme des parties !

INGRÉDIENTS

30 g (2 c. à soupe) de beurre
1 grosse échalote grise, ciselée finement
150 ml (2/3 tasse) de vin blanc de type Riesling
300 ml (1 1/5 tasse) de bouillon de volaille clair
2,5 ml (½ c. à thé) de pistils de lavande
250 ml (1 tasse) de crème 35 % à cuisson
Une barquette (8 oz) de champignons de Paris
Sel

PRÉPARATION

1. Dans une casserole, faire fondre le beurre, puis ajouter l'échalote. Faire suer sans coloration.
2. Ajouter le vin blanc et laisser réduire aux trois quarts.
3. Ajouter le bouillon de volaille, les pistils de lavande préalablement placés dans un carré d'étamine, et la crème. Mélanger et laisser réduire de moitié.
4. Ajouter les champignons et cuire quelques minutes.
5. Rectifier l'assaisonnement et servir !

PISTES HARMONIQUES DES LIQUIDES

Riesling et lavande font formidablement « la job » ici !

CHIPS AU « SABLE » D'OLIVES NOIRES ET POIVRE

ASTUCE AROMATIQUE

Olive noire et syrah, le match parfait. Alors, imaginez des chips pour le vin rouge ! Les amateurs de syrah n'ont qu'à bien se tenir pendant les matchs de hockey, de football et de soccer...

ASSAISONNEMENT DE « SABLE » D'OLIVES NOIRES AU POIVRE POUR CHIPS

500 g (1 lb) d'olives noires marocaines « séchées au soleil », dénoyautées
125 ml (½ tasse) d'huile d'olive
Poivre du moulin
1 sac de chips ondulées nature
62,5 g (¼ tasse) d'assaisonnement

PRÉPARATION

1. Dans une casserole, déposer les olives, puis recouvrir d'eau froide. Déposer la casserole sur le feu et porter à ébullition. Dès que l'eau frémit, égoutter les olives sans les refroidir.
2. Préchauffer le four à 120 °C (250 °F).
3. Recouvrir une plaque à biscuits d'un papier parchemin et y déposer les olives. Enfourner et laisser sécher les olives pendant 2 heures.
4. Après 2 heures, éteindre le four sans retirer les olives et les laisser refroidir.
5. Dans le bol d'un robot culinaire, déposer les olives noires séchées et l'huile d'olive, ainsi que quelques tours de moulin à poivre. Mélanger jusqu'à l'obtention d'un liquide noir onctueux.
6. Déposer un tamis très fin sur un bol, puis verser le liquide onctueux. Laisser l'huile s'égoutter pendant toute une nuit.
7. Le lendemain, réserver l'huile* qui s'est égouttée, puis déposer le marc d'olives noires sur du papier absorbant pour qu'il devienne identique à du sable. Pour atteindre la texture désirée, il est important de changer le papier dès qu'il se gorge d'huile.

* L'huile parfumera à merveille vos salades .Elle pourra être utilisée lors de la cuisson, à feu doux, de poissons à chair blanche en les arrosant continuellement de cette huile noire et parfumée.

CHIPS : TECHNIQUE DE RÉ-ASSAISONNEMENT

PRÉPARATION

1. Préchauffer le four à 120 °C (250 °F).
2. Recouvrir deux plaques à biscuits de papier parchemin, puis y déposer les chips. Il est important de garder le sac vide pour la prochaine étape. Enfourner les plaques, puis chauffer pendant environ 15 minutes, jusqu'à ce que l'huile commence à suinter sur les chips.

3. Retirer les plaques du four et déposer les chips de la première plaque dans le sac original. Verser la moitié de l'assaisonnement, fermer le sac et remuer pour que l'assaisonnement adhère aux chips. Déposer les chips assaisonnées dans un bol et répéter l'opération avec celles de la deuxième plaque. Servir !

PISTES HARMONIQUES DES LIQUIDES

SYRAH ! Comme hourra ! Comme eurêka ! Une fois que vous aurez utilisé ce condiment pour confectionner vos chips aux olives noires, servez vos rouges de syrah/shiraz préférés.

ENDIVES BRAISÉES AU FROMAGE BLEU

ASTUCE AROMATIQUE

Le fromage bleu est étonnamment sur la même piste aromatique que l'endive. Les noix et les cerises aussi. Alors, n'hésitez pas à les ajouter, s'il y a lieu, à cette recette, comme nous l'avons fait dans l'autre version d'endives braisées (voir page 31).

INGRÉDIENTS

15 ml (1 c. à soupe) d'huile d'olive

30 g (2 c. à soupe) de beurre

4 endives bien blanches et fermes, taillées en deux dans le sens de la longueur

5 ml (1 c. à thé) de sucre

62,5 ml (¼ tasse) de bouillon de volaille clair

75 g (2 ½ oz) de fromage bleu

Sel de mer

Noix de Grenoble en quantité suffisante

PRÉPARATION

1. Préchauffer le four à 160 °C (325 °F).
2. Dans une grande sauteuse, verser l'huile d'olive et déposer le beurre. Chauffer et disposer les endives, une à une. Blondir les endives. Retourner et saupoudrer de sucre. Verser le bouillon de volaille, ajouter le fromage bleu et une pincée de sel. Couvrir et enfourner. Cuire pendant 10 à 15 minutes.
3. Retirer le couvercle et chauffer le four à *gril* pour gratiner les endives.
4. Au moment de servir, disposer les endives gratinées sur un plateau de service et parsemer de cerneaux de noix de Grenoble. Déguster !

PISTES HARMONIQUES DES LIQUIDES

Le fromage bleu étant dominant dans cette version, il faut opter plutôt pour un xérès de type amontillado, tout comme pour un vin liquoreux au profil sauternes. Enfin, un chardonnay californien ou australien, très gras et boisé, fait des merveilles.

ENDIVES BRAISÉES AUX CERISES ET AU KIRSCH

ASTUCE AROMATIQUE

La cerise étant sur la même piste que l'endive, nous avons donc remplacé ici le classique jus d'orange utilisé avec les endives par un jus de cerises et par du kirsch. Le fromage bleu étant aussi sur la piste de l'endive, nous l'avons aussi ajouté, tant ici que dans l'autre version d'endives (voir à la page 30). Sachez qu'une recette de bébés endives, avec fromage bleu et cerises umeboshi à la japonaise a été créée à partir de cette piste lors de mes sessions de travail en cuisine chez elBulli.

INGRÉDIENTS

15 ml (1 c. à soupe) d'huile d'olive

30 g (2 c. à soupe) de beurre

4 endives bien blanches et fermes, taillées en deux dans le sens de la longueur

75 ml (⅓ tasse) de jus de cerises Bing en conserve

40 ml (2 ½ c. à soupe) d'eau

15 ml (1 c. à soupe) de kirsch

Sel de mer

Fromage bleu en quantité suffisante

PRÉPARATION

1. Préchauffer le four à 160 °C (325 °F).

2. Dans une grande sauteuse, verser l'huile d'olive et y déposer le beurre. Chauffer et y disposer les endives, une à une. Blondir les endives. Retourner et saupoudrer de sucre.

3. Verser le jus de cerises, l'eau, le kirsch et une pincée de sel. Couvrir et enfourner. Cuire 10 à 15 minutes.

4. Retirer le couvercle et chauffer le four à *gril*. Parsemer les endives d'éclats de fromage bleu et gratiner.

5. Au moment de servir, disposer les endives gratinées sur un plateau de service et déguster !

PISTES HARMONIQUES DES LIQUIDES

Trois pistes qui peuvent sembler contradictoires, mais qui sont inscrites dans les gènes de l'endive et de la cerise. Pour suivre les composés volatils de la barrique de chêne, contenus aussi dans ces deux aliments, il faut choisir le xérès fino et les vins rouges espagnols à base de garnacha élevés en barriques de chêne. Puis, pour suivre la note fruitée dominante, le gamay de Touraine et du Beaujolais. Servis côte à côte, on reste pantois par la justesse de propos !

HOUMOUS AU MISO ET AUX GRAINES DE LIN

ASTUCE AROMATIQUE

Ici, il faut jouer sur la piste aromatique du miso, en servant ce houmous avec du fromage bleu, comme dans notre recette de fougasse au fromage bleu ! (voir dans le livre Les Recettes de Papilles et Molécules). Vous pourriez utiliser aussi des genres de grissini au fromage, cuisinés avec du bleu ?

INGRÉDIENTS

1 grosse boîte (540 ml) de pois chiches
2 gousses d'ail, hachées grossièrement
60 ml (4 c. à soupe) d'huile d'olive
22,5 ml (1 ½ soupe) de miso
62,5 ml (¼ tasse) de graines de lin doré, en poudre
Sel de mer et poivre du moulin

PRÉPARATION

1. Égoutter les pois chiches en conservant le liquide.
2. Dans le bol d'un robot culinaire, déposer les gousses d'ail. Ajouter les pois chiches, l'huile d'olive, le miso, les graines de lin en poudre et 75 ml (⅓ tasse) du liquide réservé. Pulser pour réduire les ingrédients en purée, puis mélanger en continu jusqu'à l'obtention d'une purée lisse. Si la purée est trop épaisse, ajouter un peu de liquide.
3. Saler* et poivrer au goût.

* Il est important d'ajouter le sel à la toute fin car le miso est déjà très salé.

PISTES HARMONIQUES DES LIQUIDES

Les bières brunes à fort pourcentage d'alcool sont de mise, tout comme les xérès de type amontillado.

FENOUIL MARINÉ AU VINAIGRE

ASTUCE AROMATIQUE

Utilisez cette recette pour créer votre marinade en mode anisé avec les ingrédients de cette famille que vous désirez utiliser, comme proposé dans la recette de Sandwich vietnamien Banh-mi au porc en mode anisé (voir page 85) dans laquelle est utilisé ce fenouil mariné.

INGRÉDIENTS

1 bulbe de fenouil, émincé finement
5 g (1 c. à thé) de sel fin
80 g (1/3 tasse) de sucre
160 ml (2/3 tasse) de vinaigre blanc
160 ml (2/3 tasse) d'eau tiède

PRÉPARATION

1. Déposer le fenouil dans une grande passoire. Ajouter le sel et mélanger avec les mains. Laisser dégorger pendant quelques minutes et rincer à l'eau fraîche. Laisser égoutter.
2. Dans un bol à mélanger, déposer le sucre, puis verser le vinaigre et l'eau tiède. Mélanger pour dissoudre le sucre et réserver.
3. Déposer le fenouil dans un pot en verre, puis verser le mélange de vinaigre. Fermer le pot et réserver au réfrigérateur. Laisser mariner au moins une nuit avant de déguster.

PISTES HARMONIQUES DES LIQUIDES

Difficile d'être plus en lien étroit que ça avec les vins blancs de sauvignon blanc, ainsi que les vins de cépages complémentaires à ce dernier.

Même certains rouges anisés, à base de syrah, trouveront leur chemin aromatique!

FEUILLETÉS AUX OLIVES NOIRES

ASTUCE AROMATIQUE

L'orange étant sur la piste aromatique de l'olive noire, il suffisait de venir zester le tout pour que la synergie aromatique opère dans cette traditionnelle recette à base d'olives noires!

INGRÉDIENTS

300 g (2/3 lb) de pâte feuilletée
100 ml (2/5 tasse) de pâte d'olives noires au poivre
Zeste de 1 orange non traitée
30 ml (2 c. à soupe) d'huile d'olive

PÂTE D'OLIVES NOIRES AU POIVRE
(recette tirée de Recettes de *Papilles et Molécules*)

500 ml (2 tasses) d'eau

40 g (¼ tasse) de poivre noir en grains entiers

280 g (10 oz) d'olives noires marocaines séchées au soleil, dénoyautées

PRÉPARATION

1. Étaler la pâte feuilletée (½ cm, ⅙ po) pour former un rectangle.

2. Préparer la pâte d'olives noires : porter à ébullition l'eau et ajouter les grains de poivre entiers. Faire frémir 10 minutes à feu doux. Transférer dans un robot culinaire et mixer 5 minutes pour réduire le tout en liquide sableux.

3. Verser dans un bol et laisser reposer pour que les parties solides restantes tombent au fond.

4. Dans une casserole d'eau bouillante, blanchir les olives pendant 2 minutes, puis égoutter.

5. Dans un robot culinaire, placer les olives noires blanchies, l'huile d'olive et 45 ml (3 c. à thé) d'eau de poivre, puis réduire le tout en une purée lisse.

6. Tartiner la pâte feuilletée de pâte d'olives noires, puis parsemer de zeste d'orange.

7. Replier la pâte en 3 dans le sens de la largeur et de nouveau en 3 dans le sens de la longueur.

8. Déposer la pâte sur une plaque et recouvrir d'une pellicule plastique. Réfrigérer pendant au moins 30 minutes.

9. Préchauffer le four à 180 °C (350 °F).

10. Sortir la pâte du réfrigérateur, puis étaler de nouveau à ½ cm (⅕ po) d'épaisseur. À l'aide d'un couteau de chef, tailler des allumettes de 1 cm (⅖ po) de largeur par environ 15 cm (6 po) de longueur.

11. Sur une plaque antiadhésive, déposer les bâtonnets feuilletés, puis badigeonner d'huile d'olive à l'aide d'un pinceau. Enfourner et cuire pendant 15 minutes.

12. Lorsque les bâtonnets sont froids, les déposer dans une boîte hermétique et conserver.

PISTES HARMONIQUES DES LIQUIDES

L'olive noire est le royaume aromatique des vins de syrah/shiraz, ainsi que des assemblages grenache/syrah/mourvèdre (GSM).

FEUILLETÉS AU GRUYÈRE ET AU GINGEMBRE

ASTUCE AROMATIQUE

Eh oui ! le fromage de type gruyère et le gingembre partagent un profil aromatique proche parent. Qui dit gingembre, dit aussi galanga et curcuma. Alors, n'hésitez pas à les utiliser en remplacement du gingembre.

INGRÉDIENTS

250 g (½ lb) de pâte feuilletée

100 g (2/5 tasse) de gruyère râpé

60 ml (¼ tasse) de gingembre râpé

1 jaune d'œuf

PRÉPARATION

1. Préchauffer le four à 180 °C (350 °F).

2. Étaler la pâte feuilletée à 1 cm (1/3 po) d'épaisseur et saupoudrer de la moitié du gruyère râpé ainsi que de la moitié du gingembre râpé. Replier la pâte en deux puis recouvrir d'une pellicule plastique. Déposer au réfrigérateur pendant 30 minutes.

3. Étaler de nouveau à ½ cm (1/6 po) d'épaisseur. Badigeonner de jaune d'œuf et parsemer du gruyère et du gingembre restants.

4. À l'aide d'un couteau, tailler des bandes de 2 cm (¾ po) de large, puis tailler celles-ci en pièces de 5 cm (2 po) de long.

5. Recouvrir une plaque à biscuits de papier parchemin et y déposer les bandes de pâte. Enfourner et cuire environ 10 à 15 minutes, ou jusqu'à ce que les feuilletés soient dorés et croustillants.

6. Laisser refroidir et servir.

PISTES HARMONIQUES DES LIQUIDES

Vins blancs secs : gewurztraminer/pinot gris/muscat/xérès fino et manzanilla. Vins blancs moelleux : gewurztraminer/muscat (vin doux naturel)/jurançon moelleux/sheurebe (Autriche). Vins rouges : garnacha espagnol (Cariñena/Monsant/Priorat/Rioja Baja).

LÉGUMES D'AUTOMNE RÔTIS AU FOUR POUR VINS BOISÉS

ASTUCE AROMATIQUE

Question de faire en sorte que vos légumes d'automne rôtis au four soient en lien étroit avec vos vins, nous avons ici opté pour des ingrédients de même famille que les jeunes vins ayant séjourné dans la barrique de chêne. Vous pourriez aussi décliner d'autres versions à dominante de champignons, noix de coco, scotch et girofle, ainsi que champignons et lavande, ou encore à l'anis étoilé comme nous l'avons fait avec la prochaine recette.

INGRÉDIENTS

½ barquette (4 oz) de champignons shiitakes, taillés
15 ml (1 c. à soupe) de sauce soya
15 ml (1 c. à soupe) de sirop d'érable
3 clous de girofle
15 g (1 c. à soupe) de beurre
2 pommes Gala, taillées en 8 morceaux
1 céleri-rave, taillé en cubes
1 gros oignon jaune, coupé en 4 morceaux
15 pommes de terre grelots, coupées en deux
30 ml (2 c. à soupe) d'huile d'olive
Sel de mer et poivre du moulin

PRÉPARATION

1. Dans une poêle, faire fondre une noix de beurre et ajouter les shiitakes. Faire revenir, puis réserver.

2. Dans une petite casserole, verser la sauce soya, le sirop d'érable, les clous de girofle et le beurre. Porter le sirop à ébullition. Retirer du feu et réserver.

3. Dans un grand bol à mélanger, déposer les pommes, le céleri-rave, l'oignon et les pommes de terre. Verser l'huile. Assaisonner. Enrober chaque morceau d'huile.

4. Préchauffer le four à 180 °C (350 °F).

5. Tapisser une plaque à biscuits de papier parchemin et y verser les légumes en prenant soin de bien les étaler pour assurer une cuisson uniforme. Cuire pendant environ 30 minutes.

6. Lorsque les légumes sont presque cuits, les remettre dans un grand bol, ajouter les shiitakes et le sirop. Mélanger à nouveau et remettre au four pendant environ 15 minutes.

PISTES HARMONIQUES DES LIQUIDES

Comme je l'explique en intro de cette recette, tous les ingrédients sont ici de même famille que les jeunes vins ayant séjourné dans la barrique de chêne. À commencer par les assemblages grenache/syrah/mourvèdre.

LÉGUMES D'AUTOMNE RÔTIS AU FOUR POUR SYRAH/SHIRAZ

ASTUCE AROMATIQUE

Même principe que la précédente variation de légumes d'automne pour vin rouge, mais ici l'anis étoilé domine.

INGRÉDIENTS

2 étoiles de badiane (anis étoilé) en poudre
½ barquette (4 oz) de champignons shiitakes, taillés
15 ml (1 c. à soupe) de sauce soya
15 ml (1 c. à soupe) de sirop d'érable
15 g (1 c. à soupe) de beurre
2 pommes Gala, taillées en 8 morceaux
1 céleri-rave, taillé en cubes
1 gros oignon jaune, coupé en 4 morceaux
15 pommes de terre grelots, coupées en deux
30 ml (2 c. à soupe) d'huile d'olive
Sel de mer et poivre du moulin

PRÉPARATION

1. Retirer les graines des étoiles de badiane et les déposer dans un mortier, puis les réduire en poudre à l'aide d'un pilon. Réserver.
2. Dans une poêle, faire fondre une petite noisette de beurre et ajouter les shiitakes. Faire revenir, puis réserver.
3. Dans une petite casserole, verser la sauce soya, le sirop d'érable, la badiane en poudre et le beurre. Porter le sirop à ébullition, puis retirer du feu. Réserver.
4. Dans un grand bol à mélanger, déposer les pommes, les cubes de céleri-rave, l'oignon et les pommes de terre. Verser l'huile. Assaisonner. Enrober chaque morceau d'huile.
5. Préchauffer le four à 180 °C (350 °F).
6. Tapisser une plaque à biscuits de papier parchemin et y verser les légumes en prenant soin de bien les étaler pour assurer une cuisson uniforme. Cuire pendant environ 30 minutes.
7. Lorsque les légumes sont presque cuits, les remettre dans un grand bol, ajouter les shiitakes et le sirop. Mélanger à nouveau et remettre au four pendant environ 15 minutes.

PISTES HARMONIQUES DES LIQUIDES

Comme je l'explique en intro de la précédente recette, tous les ingrédients sont ici de même famille que les jeunes vins ayant séjourné dans la barrique de chêne. Mais cette dernière recette étant dominée par la saveur anisée de l'anis étoilé, il faut lui préférer des rouges de syrah/shiraz. Un blanc de sauvignon blanc élevé en barrique fait aussi sensation !

OIGNONS FARCIS

ASTUCE AROMATIQUE

Nous avons ici remplacé les habituels laurier et thym de ce classique par des herbes et des ingrédients anisés, comme le céleri, la menthe et le persil, qui résonnent dans la même tonalité que les composés volatils dominants de l'oignon.

INGRÉDIENTS

6 oignons blancs moyens
1 branche de livèche ou de céleri

FARCE

La pulpe restante des oignons
250 g (½ lb) de veau haché mi-maigre
250 g (½ lb) de porc haché mi-maigre
2 gousses d'ail, hachées finement
62,5 ml (¼ tasse) de persil plat (italien), haché finement
125 ml (½ tasse) de menthe fraîche, hachée finement
45 g (3 c. à soupe) de chapelure
2 œufs
125 ml (½ tasse) d'huile d'olive
Sel de mer
250 ml (1 tasse) de bouillon de volaille

PRÉPARATION

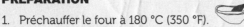

1. Préchauffer le four à 180 °C (350 °F).
2. Éplucher les oignons, sans les tailler, en prenant soin de garder la première couche intacte. Réserver.
3. Dans une grande casserole, faire bouillir de l'eau salée avec la branche de livèche et y déposer les oignons. Cuire pendant 10 minutes.
4. Laisser refroidir les oignons, tailler les chapeaux et les réserver. Retirer la pulpe intérieure des oignons à l'aide d'une cuillère, en conservant les deux premières couches extérieures intactes. Réserver la pulpe et les coques d'oignons séparément.
5. **Préparer la farce.** À l'aide d'un couteau, hacher la pulpe d'oignon et la déposer dans un grand bol à mélanger. Ajouter le veau, le porc, l'ail, le persil, la menthe, la chapelure, les œufs, l'huile d'olive et le sel de mer. Mélanger tous les ingrédients à froid.
6. Dans une casserole, verser le bouillon de volaille et porter à ébullition.
7. Farcir les coques d'oignons et les déposer dans un plat allant au four. Verser le bouillon de volaille dans le plat et recouvrir d'un papier d'aluminium. Enfourner et cuire entre 35 et 40 minutes.
8. Retirer le papier d'aluminium, saupoudrer de chapelure et gratiner au four. Déguster.

PISTES HARMONIQUES DES LIQUIDES

PISTES HARMONIQUES DES LIQUIDES

Qui dit céleri, menthe et persil dit sauvignon blanc. Et même pour l'oignon, car ce dernier partage des composés aromatiques avec ce cépage blanc, de même qu'avec certains des vins complémentaires à ce dernier, comme le sont les vins blancs de verdejo. Il aura ainsi suffi de trouver la piste aromatique de l'oignon, dur à cuire avec les vins, pour créer la synergie nécessaire (céleri/menthe/persil) et réussir un accord qui résonne avec cet aliment habituellement rébarbatif aux vins.

GIN HENDRICK'S/CARDAMOME/THÉ VERT

OLIVES VERTES MARINÉES AU GIN HENDRICK'S, CARDAMOME VERTE ET THÉ VERT

ASTUCE AROMATIQUE

Sur la piste aromatique des olives vertes, on y rencontre la cardamome, le thé vert et l'excellent et très expressif gin Hendrick's. En les rassemblant, la synergie explose littéralement du bol d'olives!

INGRÉDIENTS

30 ml (2 c. à thé) de thé vert en feuilles
2,5 ml (½ c. à thé) de cardamome verte réduite en poudre
125 ml (½ tasse) de gin Hendrick's
250 g (1 tasse) d'olives vertes avec noyaux en saumure

PRÉPARATION

1. La veille de la préparation des olives, verser de l'eau bouillante sur le thé vert et laisser infuser pendant 2 minutes.
2. Récupérer le marc (le résidu) de thé et le déposer dans un contenant hermétique. Ajouter la poudre de cardamome, puis verser le gin. Fermer hermétiquement et laisser infuser toute la nuit.
3. Le lendemain, rincer les olives à l'eau claire et les déposer dans un contenant hermétique. Réserver.
4. Passer l'infusion de gin, de thé vert et de cardamome au chinois et réserver.
5. Verser l'infusion sur les olives, couvrir. Réserver au réfrigérateur pendant au moins 3 jours.

PISTES HARMONIQUES DES LIQUIDES

Un verre de gin Hendrick's bien sûr, tout comme un cocktail à base de ce gin. Côté vin, un albariño ou un riesling sera en lien aromatique étroit.

OLIVES VERTES MARINÉES AU ZESTE D'ORANGE ET GRAINES DE CORIANDRE

ASTUCE AROMATIQUE

Les olives vertes à l'apéritif méritaient d'être aromatisées. Les graines de coriandre étant dans la même famille, et l'orange dans celle de ces dernières, il ne reste plus qu'à vous servir un verre de Campari allongé de soda ou de jus d'orange. C'est que le Campari est aussi sur la piste aromatique du duo orange/graines de coriandre...

INGRÉDIENTS

250 ml (1 tasse) d'huile d'olive
Zeste de 1 orange
15 ml (1 c. à soupe) de graines de coriandre, concassées
250 g (1 ¼ tasse) d'olives vertes en saumure avec noyaux

PRÉPARATION

1. Dans une casserole, tiédir l'huile d'olive et ajouter les zestes et les graines de coriandre.
2. Ajouter les olives vertes égouttées puis faire tiédir à nouveau.
3. Mettre les olives avec l'huile dans un contenant hermétique puis placer au réfrigérateur.

PISTES HARMONIQUES DES LIQUIDES

Vous avez compris que le Campari, soda ou jus d'orange est le premier choix! À quoi s'ajoute votre riesling favori, qu'il soit allemand, alsacien, australien ou encore de l'État de Washington. Sans oublier certaines bières de type ale, que ce soit une IPA ou une ale extraforte. Enfin, pensez aussi à un plus que terpénique thé blanc, comme le Bai Hao Yin Zhen 2011 Chine, au profil on ne peut plus riesling!

POMMADE DE POMMES AU CURRY ET À L'ÉRABLE

ASTUCE AROMATIQUE

Voici une délirante pommade à tout faire, inspirée d'un beurre de pomme, lequel nous avons magnifié par la piste aromatique de l'érable, sur laquelle il y a, entre autres, le curry. Si vous êtes comme moi, vous en deviendrez complètement crac et voudrez en mettre partout, et même la déguster à la cuillère!

INGRÉDIENTS

1 kg (4 tasses) de pommes, épluchées et taillées en dés

50 g (⅕ tasse) de sucre

75 ml (⅓ tasse) de sirop d'érable

150 ml (¾ tasse) de beurre

5 ml (1 c. à thé) de curry en poudre

PRÉPARATION

1. Dans un grand bol en verre, déposer les pommes, ajouter le sucre et le sirop d'érable, et mélanger.

2. Déposer le bol au micro-ondes et cuire à forte intensité pendant 20 minutes. Vérifier la cuisson des pommes pour que celles-ci cuisent uniformément.

3. Déposer les pommes dans le bol d'un mélangeur, puis ajouter le beurre et le curry. Mélanger jusqu'à l'obtention d'une préparation bien lisse.

4. Verser la pommade dans des pots en verre et conserver au réfrigérateur.

ASTUCES

Cette pommade peut être servie tant en mode salé qu'en mode sucré. Lors de la cuisson de brochettes ou de papillotes, nappez les poissons ou viandes blanches avant de les cuire. Badigeonnez de cette pommade du pain pour accompagner les fromages bleus. Même les *cupcakes*, dont ceux à l'érable ou aux pommes, ne seront plus les mêmes lorsque glacés de cette pommade.

Alors, imaginez-la sur les recettes de brioches à la cannelle (voir page 199), de cannelés_Mc^2 (voir page 147) ou de pain d'épices (voir page 171) !

PISTES HARMONIQUES DES LIQUIDES

La piste de l'érable est large en matière d'harmonie avec les liquides. Mais privilégiez les cidres de glace du Québec, les bières brunes fortes de microbrasseries québécoises, les sauternes, ainsi que chez les vins secs, les xérès de type amontillado et oloroso, les chardonnays du Jura et certains chenins blancs de Savennières.

CURRY/GUIMAUVE

 # POMMADE DE POMMES AU CURRY ET À LA GUIMAUVE

ASTUCE AROMATIQUE

Inspirée de notre recette de pommade de pommes au curry et à l'érable (voir page 40), celle-ci, à base de guimauve, se trouve aussi sur la piste aromatique de l'érable. Et tout comme la recette qui l'a inspirée, si vous êtes comme moi, vous en deviendrez tout aussi accro et voudrez en mettre partout ! D'ailleurs, les variations possibles d'une telle pommade sont infinies : pomme/curry/noix grillées ; pomme/curry/céleri ; pomme/estragon ; pomme/thé vert ; pomme/basilic ; pomme/cannelle ; pomme/wasabi...

INGRÉDIENTS

1 kg (4 tasses) de pommes Golden, épluchées et taillées en dés

50 g (⅕ tasse) de sucre

150 g (¾ tasse) de beurre

75 ml (⅓ tasse) de guimauve à tartiner

5 ml (1 c. à thé) de curry en poudre

PRÉPARATION

1. Dans un grand bol en verre, déposer les pommes, ajouter le sucre et mélanger.

2. Déposer le bol au micro-ondes et cuire à forte intensité pendant 20 minutes. Vérifier la cuisson des pommes pour que celles-ci cuisent uniformément.

3. Déposer les pommes dans le bol d'un mélangeur. Ajouter le beurre, la guimauve et le curry. Mélanger jusqu'à l'obtention d'une préparation bien lisse.

4. Verser la pommade dans des pots en verre. Conserver au réfrigérateur.

ASTUCES

Cette pommade peut être servie tant en mode salé qu'en mode sucré. Suivez les mêmes recommandations que pour la recette de pommade de pommes au curry et à l'érable (voir page 40). De plus, imaginez-la en trempette ! Plongez une guimauve qui vient juste d'être carbonisée au-dessus d'un feu de camp. Frissons garantis !

PISTES HARMONIQUES DES LIQUIDES

Il faut suivre les recommandations données pour la recette de pommade de pommes au curry et à l'érable (voir page 40).

OLIVE NOIRE/POIVRE

POMMADE D'OLIVES NOIRES À L'EAU DE POIVRE

ASTUCE AROMATIQUE

Inspirés par la classique tapenade d'olives du Midi de la France, nous avons utilisé ici le poivre, étant dans la même famille aromatique que l'olive noire. En tartinade, tout comme pour badigeonner un poisson ou une viande pendant la cuisson, ou encore pour napper l'intérieur d'un fromage à croûte fleurie pour qu'il puisse être en harmonie avec un rouge, à vous de choisir !

INGRÉDIENTS

EAU DE POIVRE

500 ml (2 tasses) d'eau

40 g (¼ de tasse) de poivre noir en grains

POMMADE D'OLIVES

280 g (10 oz) d'olives noires marocaines dénoyautées
60 ml (4 c. à thé) d'huile d'olive

PRÉPARATION

1. Dans une petite casserole, verser l'eau et porter à ébullition. Ajouter les grains de poivre et laisser frémir à feu doux pendant 10 minutes.

2. Dans le bol d'un robot culinaire, verser la préparation de poivre et mélanger pendant 5 minutes jusqu'à l'obtention d'un liquide sablonneux.

3. Dans un bol, verser le liquide sablonneux, puis laisser reposer pour que les particules de poivre tombent au fond de la préparation.

4. Blanchir les olives dans une casserole d'eau bouillante pendant 2 minutes. Égoutter.

5. Dans le bol du robot culinaire, déposer les olives, l'huile d'olive et l'eau de poivre, puis réduire en une purée lisse.

6. Lorsque le mélange est bien homogène, verser la pommade dans un contenant hermétique et le garder au réfrigérateur.

ASTUCES DE SERVICE

Badigeonner une feuille de nori pour sushi, très légèrement humidifiée d'eau, avec cette pâte. Plier la feuille en triangle en forme de ravioli et déguster avec une syrah/shiraz.

SUSHIS POUR AMATEURS DE VINS ROUGES

Réaliser des sushis pour vins rouges en mélangeant 5 g (1 c. à thé) de pommade d'olives noires à l'eau de poivre dans 125 g (½ tasse) de riz sauvage soufflé au café_Mc² (voir page 50). Déposer le mélange sur une feuille de nori mouillée (seulement avec un peu d'eau du bout de vos doigts), puis rouler la feuille en forme de rouleau de sushi.

PISTES HARMONIQUES DES LIQUIDES

Qui dit olive noire et poivre dit shiraz! Et syrah bien sûr...

POP-CORN « AU GOÛT DE BACON ET CACAO »

ASTUCE AROMATIQUE

Pourquoi ne pas transformer votre *pop-corn* en y ajoutant un goût de bacon, le tout saupoudré d'un sel de cacao!? C'est que tous deux partagent la même piste aromatique que le maïs soufflé, qui est l'un des chemins du sirop d'érable. Tout comme le café le fait aussi. Alors, n'hésitez pas à remplacer le cacao par du café pour créer votre version au sel de café.

INGRÉDIENTS

GRAS DE BACON

30 ml (2 c. à soupe) d'huile végétale
10 tranches de bacon gras, en dés

POP-CORN

5 g (1 c. à thé) de sel fin
2,5 ml (½ c. à thé) de cacao en poudre sans sucre
45 ml (3 c. à soupe) de gras de bacon
125 ml (½ tasse) de maïs à éclater

PRÉPARATION

1. **Préparer le gras de bacon.** Dans une casserole moyenne, verser l'huile végétale et faire chauffer doucement.
2. Déposer les dés de bacon dans l'huile chaude et le laisser colorer en remuant souvent. Laisser tiédir et passer au chinois. Réserver la graisse pour la cuisson du *pop-corn* et les morceaux de bacon pour les salades*.
1. **Préparer le *pop-corn*.** Dans un petit bol à mélanger, déposer le sel et le cacao. Mélanger et réserver.
2. Dans une grande casserole à fond épais, faire chauffer vivement la graisse de bacon. Déposer le maïs à éclater, puis remuer rapidement pour enrober tous les grains. Couvrir et attendre que tous les grains éclatent en remuant de temps en temps pour éviter qu'ils ne brûlent.
3. Dans un grand bol, verser le *pop-corn* chaud et saupoudrer du sel de cacao. Remuer énergiquement. Déguster.

* On peut aussi utiliser la graisse de bacon réservée au préalable.

PISTES HARMONIQUES DES LIQUIDES

Jacks Daniel Whiskey & Cola (en canette)/bière noire/xérès amontillado/madère sercial ou verdelho/rhum brun âgé/bourbon

FROMAGE BLEU/POIVRE

POLENTA AU GORGONZOLA

ASTUCE AROMATIQUE

La piste aromatique du fromage bleu est grande et variée. Nous nous sommes donc amusés à créer plusieurs variations sur le thème du gorgonzola. Ici, la recette classique italienne. Suivie de nos « variations Golberg » en mode bleu!

INGRÉDIENTS

1 litre (4 tasses) de bouillon de volaille
500 ml (½ litre) de lait 3,25 %
15 g (1 c. à soupe) de beurre
2 échalotes grises, épluchées et hachées finement
300 g (1 ⅕ tasse) de polenta
120 g (4,2 oz) de gorgonzola
Sel de mer et poivre du moulin

PRÉPARATION

1. Dans une casserole, verser le bouillon de volaille et le lait. Saler et chauffer.

2. Dans une grande casserole, déposer le beurre et les échalotes et faire revenir sans coloration. Ajouter la polenta et remuer pour enrober tous les grains de gras.

3. Baisser le feu, verser la préparation de lait et de bouillon chaud sur la polenta et remuer. Ajouter le gorgonzola et cuire à feu doux, en remuant sans cesse, pendant 10 minutes.

4. Rectifier l'assaisonnement et déguster*!

* On peut servir la polenta en bouchées. Recouvrir le fond d'un plat carré d'une pellicule plastique et verser la polenta cuite. Laisser refroidir au réfrigérateur. Tailler la polenta en carrés. Avant de servir, déposer une noisette de beurre dans une poêle antiadhésive et faire revenir les bouchées de polenta.

PISTES HARMONIQUES DES LIQUIDES

Le fromage bleu étant dominant, il faut opter soit pour une bière brune à fort pourcentage d'alcool, soit pour un xérès de type amontillado ou oloroso, tout comme pour un vin liquoreux au profil sauternes. Enfin, un chardonnay californien ou australien, très gras et boisé, fait aussi une belle synergie.

ANCHOIS/CHAMPIGNON SHIITAKE/ÉPINARD/JAMBON SÉCHÉ

POLENTA AU GORGONZOLA
VERSION « UMAMI »

ASTUCE AROMATIQUE

La première variation à m'être venue à l'esprit, inspirée de la piste aromatique du fromage bleu, a été celle de la piste des aliments à saveur « umami », comme le sont les anchois, les shiitakes, les épinards, les oignons, le jambon séché (prosciutto ou ibérique) et les fromages bleus.

INGRÉDIENTS

1 litre (4 tasses) de bouillon de volaille
500 ml (½ litre) de lait 3,25 %

½ barquette (4 oz) de champignons shiitakes, émincés

125 g (4,4 oz) de tranches de jambon séché de votre choix (Serrano ou prosciutto), haché

500 ml (2 tasses) d'épinards frais, haché

10 ml (2 c. à thé) d'anchois dans l'huile, haché

15 g (1 c. à soupe) de beurre

1 oignon jaune moyen, épluché et haché finement

300 g (1 ⅕ tasse) de polenta

120 g (4,2 oz) de gorgonzola

Poivre du moulin

PRÉPARATION

1. Dans une casserole, verser le bouillon de volaille et le lait. Saler et faire chauffer le tout.

2. Dans une poêle, faire revenir les shiitakes et le jambon jusqu'à coloration. Ajouter les épinards et les anchois. Baisser le feu et remuer jusqu'à ce que les épinards soient cuits. Réserver.

3. Dans une grande casserole, déposer le beurre et les oignons et faire colorer. Ajouter la polenta et remuer pour enrober tous les grains de gras.

4. Baisser le feu, verser la préparation de lait et de bouillon chaud sur la polenta et remuer. Ajouter le gorgonzola et cuire à feu doux, en remuant sans cesse, pendant 10 minutes.

5. Ajouter la préparation de shiitakes, jambon et épinards. Assaisonner. Déguster*!

* On peut servir la polenta en bouchées. Recouvrir le fond d'un plat carré d'une pellicule plastique et verser la polenta cuite. Laisser refroidir au réfrigérateur. Tailler la polenta en carrés. Avant de servir, déposer une noisette de beurre dans une poêle antiadhésive et faire revenir les bouchées de polenta.

PISTES HARMONIQUES DES LIQUIDES

La synergie des différents aliments, tous riches en saveur umami, résulte en un ensemble pénétrant, qui, si le vin choisi est tout aussi riche en umami, vous permettra d'atteindre un sommet harmonique. Il faut donc un vin blanc élevé en barriques de chêne, et sur lies longuement, à la manière d'un chardonnay du Nouveau Monde, tout comme de généreux blancs du Rhône et du Languedoc, à base de roussanne, de marsanne et/ou de grenache blanc. Il est aussi possible d'atteindre la zone de confort harmonique en servant un vin rouge boisé, aux tanins chauds, et riche en alcool, comme le sont certains zinfandels américains et assemblages grenache/syrah/mourvèdre australiens.

POLENTA AU GORGONZOLA À LA JAPONAISE

ASTUCE AROMATIQUE

Eh oui! Une polenta à la mode japonaise, avec miso/shiitake/sésame grillé, tous sur la même piste aromatique que le gorgonzola de fromage bleu.

INGRÉDIENTS

1 litre (4 tasses) de bouillon de volaille
500 ml (½ litre) de lait 3,25 %
15 g (1 c. à soupe) de beurre
375 ml (1 ½ tasse) de champignons shiitakes, émincés
2 échalotes grises, hachées finement
300 g (1 ⅕ tasse) de polenta
15 ml (1 c. à soupe) de miso rouge
120 g (4,2 oz) de gorgonzola
10 ml (2 c. à thé) d'huile de sésame grillé
Sel de mer et poivre du moulin

PRÉPARATION

1. Dans une casserole, verser le bouillon de volaille et le lait. Saler et chauffer.

2. Dans une grande casserole, déposer le beurre et les shiitakes et faire colorer. Ajouter les échalotes et faire revenir quelques minutes. Ajouter la polenta et remuer pour enrober tous les grains de gras.

3. Baisser le feu, verser la préparation de lait et de bouillon chaud ainsi que le miso sur la polenta, et remuer. Ajouter le gorgonzola et cuire à feu doux, en remuant sans cesse, pendant quelques minutes.

4. Ajouter l'huile de sésame et rectifier l'assaisonnement. Déguster*!

* On peut servir la polenta en bouchées. Recouvrir le fond d'un plat carré d'une pellicule plastique et verser la polenta cuite. Laisser refroidir au réfrigérateur. Tailler la polenta en carrés. Avant de servir, déposer une noisette de beurre dans une poêle antiadhésive et faire revenir les bouchées de polenta.

PISTES HARMONIQUES DES LIQUIDES

Les mêmes choix que pour la précédente variation « umami », sans être obligatoirement des vins aussi riches.

POLENTA AU GORGONZOLA AU CURCUMA ET GINGEMBRE

ASTUCE AROMATIQUE

Comme la version japonaise, avec des ingrédients de même famille aromatique que le fromage bleu, nous poursuivons cette piste du gorgonzola cette fois avec du gingembre et du curcuma, eux aussi « proches parents aromatiques » du bleu.

INGRÉDIENTS

1 litre (4 tasses) de bouillon de volaille
500 ml (2 tasses) de lait 3,25 %
15 g (1 c. à soupe) de beurre
2 échalotes grises, hachées finement
300 g (1 ¹⁄₅ tasse) de polenta
120 g (4,2 oz) de gorgonzola
5 ml (1 c. à thé) de curcuma en poudre
15 ml (1 c. à soupe) de gingembre frais, pelé et râpé
Sel de mer et poivre du moulin

PRÉPARATION

1. Dans une casserole, verser le bouillon de volaille et le lait. Saler et chauffer.
2. Dans une grande casserole, déposer le beurre et les échalotes, et faire revenir sans coloration. Ajouter la polenta et remuer pour enrober tous les grains de gras.
3. Baisser le feu, verser la préparation de lait et de bouillon chaud sur la polenta et remuer. Ajouter le gorgonzola, le curcuma et le gingembre, et cuire à feu doux, en remuant sans cesse, pendant 10 minutes.
4. Rectifier l'assaisonnement et déguster*!

* On peut servir la polenta en bouchées. Recouvrir le fond d'un plat carré d'une pellicule plastique et verser la polenta cuite. Laisser refroidir au réfrigérateur. Tailler la polenta en carrés. Avant de servir, déposer une noisette de beurre dans une poêle antiadhésive et faire revenir les bouchées de polenta.

PISTES HARMONIQUES DES LIQUIDES

Qui dit curcuma et gingembre, et par surcroît fromage bleu, dit gewurztraminer!

POLENTA AU GORGONZOLA ET POMMES JAUNES

ASTUCE AROMATIQUE

Polenta N° 5! Pomme jaune et raisins muscats sont eux aussi du nombre des aliments complémentaires au fromage bleu. À ne pas oublier quand vous servez une assiette de fromages bleus.

INGRÉDIENTS

90 g (½ tasse) de raisins muscats secs
1 litre (4 tasses) de bouillon de volaille
500 ml (½ litre) de lait 3,25 %
15 g (1 c. à soupe) de beurre
2 échalotes grises, hachées finement
1 pomme jaune Golden, épluchée et taillée en dés
300 g (1 ⅕ tasse) de polenta
120 g (4,2 oz) de gorgonzola
Sel de mer et poivre du moulin

PRÉPARATION

1. Dans un petit bol, déposer les raisins secs et les recouvrir d'eau tiède. Laisser gonfler les raisins pendant 30 minutes. Égoutter.

2. Dans une casserole, verser le bouillon de volaille et le lait. Saler et chauffer.

3. Dans une grande casserole, déposer le beurre, les échalotes et la pomme, et faire revenir sans coloration. Ajouter la polenta et remuer pour enrober tous les grains de gras.

4. Baisser le feu, verser la préparation de lait et de bouillon chaud sur la polenta, et remuer. Ajouter le gorgonzola et cuire à feu doux, en remuant sans cesse, pendant 15 minutes. Ajouter les raisins muscats gonflés et mélanger.

5. Rectifier l'assaisonnement et déguster*!

PISTES HARMONIQUES DES LIQUIDES

Ici, la pomme et le raisin muscat dictent le choix: un vin doux naturel de muscat.

QUICHE DE PAIN PERDU AUX ASPERGES GRILLÉES « POUR VINS ROUGES »

ASTUCE AROMATIQUE

L'idée ici était de transformer la quiche pour qu'elle puisse s'harmoniser avec le vin rouge. Il a suffi de faire griller les asperges avant afin de transformer leurs saveurs pour qu'elles entrent en synergie aromatique avec les vins rouges élevés en barriques et provenant du Nouveau Monde. Lesquels? Réponse ci-après.

INGRÉDIENTS

1 abaisse de pâte brisée
12 asperges moyennes (1 botte)
30 ml (2 c. à soupe) d'huile d'olive
1 baguette de la veille
250 ml (1 tasse) de lait 3,25 %
250 ml (1 tasse) de crème 35 %
2,5 ml (½ c. à thé) de muscade râpée
3 œufs
2 jaunes
Sel, poivre du moulin

PRÉPARATION

1. Étaler la pâte et en chemiser un moule à tarte.
2. Préparer les asperges en retirant le bout dur de la queue.
3. Dans une poêle chaude, colorer fortement les asperges dans l'huile d'olive. Réserver.
4. Préchauffer le four à 180 °C (350 °F).
5. Tailler la baguette en cubes et les déposer sur une tôle à biscuits.
6. Déposer les cubes de pain au four et les faire blondir. Réserver.
7. Dans un grand bol, mélanger le lait, la crème, la muscade râpée et les œufs. Saler et poivrer.
8. Ajouter les cubes de pain refroidis dans le liquide.
9. Placer les asperges dans le fond de la tarte et y verser tout le contenu du bol, les cubes de pain imbibés et le jus.
10. Enfourner à 180 °C (325 °F) et cuire pendant 25 à 30 minutes.
11. Laisser tiédir et déguster.

PISTES HARMONIQUES DES LIQUIDES

La piste des arômes torréfiés de ce légume vert se retrouve dans les rouges de malbec argentin élevés en barriques de chêne, tout comme dans ceux de carmenères du Chili, ainsi que dans tous les cabernets et merlots ayant aussi passé par le chêne.

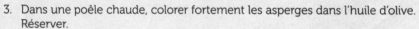

CAFÉ/RIZ SAUVAGE

RIZ SAUVAGE SOUFFLÉ AU CAFÉ_Mc²

ASTUCE AROMATIQUE

Lors de la réalisation de nos feuilles de vigne farcies_Mc² pour le livre *Les recettes de Papilles et Molécules*, nous avons accouché de cette union riz sauvage et café, deux ingrédients de même famille aromatique. Et c'est simple comme bonjour : du riz sauvage frit à la seconde, devenant ainsi soufflé comme par magie, auquel est ajouté du café. Le résultat crée un puissant lien harmonique avec le vin rouge !

INGRÉDIENTS

500 ml (2 tasses) d'huile végétale (canola)
50 g (⅓ tasse) de riz sauvage
Sel
7,5 ml (1 ½ c. à thé) de café instantané

PRÉPARATION

1. Faire chauffer l'huile dans une casserole profonde jusqu'à ce qu'elle soit presque fumante.
2. Y jeter la moitié du riz et attendre qu'il remonte à la surface.
3. Récupérer le riz soufflé à l'aide d'une passoire fine. Recommencer l'opération avec le reste du riz.
4. Placer le riz soufflé sur un papier absorbant. Ajouter le sel et le café.

ASTUCES DE SERVICE

Utiliser ce riz dans des recettes de viande rouge, comme le canard, le bœuf et les gibiers, dans un plat mijoté au vin rouge, et pourquoi pas avec un poisson grillé comme le saumon ou le marlin. Osez l'utiliser dans les desserts : sur une mousse au chocolat noir, un praliné et tous les desserts à base de café.

PISTES HARMONIQUES DES LIQUIDES

Ce riz sauvage soufflé au café nous conduits tout droit vers un vin rouge aux tanins chauds et au boisé au profil aromatique américain, comme le sont souvent les crus espagnols de la Rioja, mais aussi toutes les cuvées de style moderne, au boisé ambitieux. Spécialement celles à base de merlot, de sangiovese et/ou de cabernet. Le plus beau, c'est que ce riz est un puissant assouplisseur de tanins !

CAFÉ/PARMESAN

SABLÉS AU PARMESAN ET AU CAFÉ

ASTUCE AROMATIQUE

Lors de mes séjours de consultation chez elBulli, le chef Ferran Adrià travaillait de nouvelles idées pour le parmesan. Grâce à mes recherches sur la structure aromatique des aliments, je lui ai proposé le duo café/parmesan. Un plat en fut créé et ajouté à la liste des quelque quarante recettes concluantes auxquelles j'ai collaboré et ayant figuré aux menus 2009-2010 de ce désormais mythique restaurant catalan. Voici notre version de ce vibrant duo café/parmesan.

INGRÉDIENTS

100 g (3 ½ oz) de parmesan frais râpé
125 g (³/₅ tasse) de beurre mou
10 ml (2 c. à thé) de café instantané
180 g (1 ⅛ tasse) de farine
2 jaunes d'œufs

PRÉPARATION

1. Dans un grand bol à mélanger, déposer le parmesan, le beurre et le café, puis mélanger le tout.

2. Ajouter la farine et mélanger de nouveau. Incorporer les jaunes d'œufs un à un.

3. Verser le mélange sur le plan de travail préalablement enfariné. Former une boule, puis la couper en deux. Former chaque boule en boudin.

4. Étendre une feuille de pellicule plastique, y déposer un boudin et l'envelopper bien serré. Répéter l'opération avec le deuxième boudin. Déposer les boudins au réfrigérateur pendant au moins 1 heure, jusqu'à ce qu'ils soient bien fermes.

5. Préchauffer le four à 180 °C (350 °F).

6. Retirer les boudins du réfrigérateur et les déballer. Tailler des tranches de ¾ cm (3/10 po) d'épaisseur et les disposer sur une plaque à biscuits recouverte d'un papier parchemin. Enfourner et cuire 15 minutes en retournant à mi-cuisson.

PISTES HARMONIQUES DES LIQUIDES

Les vins blancs de cépage petit-manseng, comme le sont ceux de Jurançon et de Pacherenc-du-Vic-Bilh sont dominés par l'un des plus importants composés volatils du café, faisant d'eux des choix tout indiqués avec ce plat, surtout si vous le servez en canapés. Mais les amateurs de rouge ne seront pas en reste, car le café est un adoucisseur de tanins, spécialement les cabernets et les malbecs du Nouveau Monde.

CURCUMA/GRAINES DE CORIANDRE

SABLÉS AU PARMESAN, GRAINES DE CORIANDRE ET CURCUMA

ASTUCE AROMATIQUE

Une variation zestée de notre recette de sablés au parmesan et au café (voir page 51).

INGRÉDIENTS

100 g (3 ½ oz) de parmesan frais râpé
125 g (3/5 tasse) de beurre mou
15 ml (1 c. à soupe) de graines de coriandre torréfiées et concassées finement
5 ml (1 c. à thé) de curcuma en poudre
180 g (1 ½ tasse) de farine
2 jaunes d'œufs

PRÉPARATION

1. Dans un grand bol à mélanger, déposer le parmesan, le beurre, la coriandre et le curcuma, puis mélanger le tout.

2. Ajouter la farine et mélanger de nouveau. Incorporer les jaunes d'œufs un à un.

3. Verser le mélange sur le plan de travail préalablement enfariné. Former une boule, puis la couper en deux. Former chaque boule en boudin.

4. Étendre une feuille de pellicule plastique, y déposer un boudin et l'envelopper serré. Répéter l'opération avec le deuxième boudin. Déposer les boudins au réfrigérateur pendant au moins 1 heure, jusqu'à ce qu'ils soient bien fermes.

5. Préchauffer le four à 180 °C (350 °F).

6. Retirer les boudins du réfrigérateur et les déballer. Tailler des tranches de ¾ cm (3/10 po) d'épaisseur et les disposer sur une plaque à biscuits recouverte d'un papier parchemin. Enfourner et cuire environ 15 minutes en retournant à mi-cuisson.

PISTES HARMONIQUES DES LIQUIDES

Graines de coriandre et curcuma sont sur la piste du célèbre apéritif italien, le Campari. Osez accompagner ces sablés d'un Campari allongé soit de soda, soit de jus d'orange (cet agrume étant sur la même piste aromatique que les graines de coriandre et le curcuma). Aussi, pourquoi ne pas servir nos sablés en même temps que notre recette de cocktail Campari « solide » (voir page 17), à base de graines de coriandre et d'eau de fleur d'oranger ?

CLOU DE GIROFLE/MANGUE/BETTERAVE JAUNE

SALSA DE MANGUE ET DE BETTERAVES JAUNES GRILLÉES AU CLOU DE GIROFLE

ASTUCE AROMATIQUE

Exactement dans le même esprit que notre autre version avec du basilic thaï, mais ici avec la puissance chaleureuse du clou de girofle, dont le principal composé volatil (l'eugénol) est au cœur de la synergie entre les ingrédients de cette salsa éclatante.

INGRÉDIENTS

3 betteraves jaunes
62,5 ml (¼ tasse) d'huile d'olive
5 ml (1 c. à thé) de clou de girofle en poudre
5 ml (1 c. à thé) de gingembre frais, râpé
2 mangues mûres, pelées, en petits dés
15 ml (1 c. à soupe) de vinaigre balsamique blanc
1 oignon rouge
Sel de mer

PRÉPARATION

1. Préchauffer le four à 160 °C (325 °F).

2. Préparer trois carrés de papier d'aluminium. Déposer une betterave jaune sur chaque carré, les envelopper, puis les déposer sur une plaque à biscuits. Enfourner et cuire environ 30 minutes (selon la taille).

3. Dans une petite casserole, faire tiédir l'huile d'olive. Retirer la casserole du feu et ajouter la poudre de clou de girofle et le gingembre. Mélanger et réserver.

4. Dans une poêle, verser une petite cuillérée d'huile d'olive et faire colorer les dés de betteraves.

5. Déposer les betteraves dans l'huile parfumée, mélanger et laisser refroidir.

6. Lorsque les betteraves et l'huile parfumée sont entièrement refroidies, les verser dans un bol à mélanger, puis ajouter les dés de mangues et le vinaigre balsamique. Mélanger et laisser mariner au moins 1 heure.

7. Juste avant de servir, ajouter l'oignon haché et mélanger la salsa. Ajouter du sel, puis déguster.

ASTUCES DE SERVICE

À servir avec des grillades de viande rouge, fortement grillées, tout comme en accompagnement de fromage mozzarella fondu.

PISTES HARMONIQUES DES LIQUIDES

Si elle accompagne une viande rouge fortement grillée à l'extérieur, servez un rouge élevé dans le chêne, comme un cru d'Espagne, provenant de la Rioja, de Carineña, de la Ribera del Duero et du Bierzo.

BASILIC THAÏ/MANGUE/BETTERAVE JAUNE

SALSA DE MANGUES ET DE BETTERAVES JAUNES GRILLÉES AU BASILIC THAÏ

ASTUCE AROMATIQUE

Sur la piste aromatique du clou de girofle, il y a la mangue, la betterave et le basilic thaï, tous trois réunis ici dans l'esprit « girofle sans girofle » ! Goûtez, vous verrez, vous serez touché par l'esprit anesthésiant du clou, sans clou...

INGRÉDIENTS

3 betteraves jaunes, cuites et pelées, en petits dés
62,5 ml (¼ tasse) d'huile d'olive
½ bouquet de basilic thaï, ciselé finement
5 ml (1 c. à thé) de gingembre frais, râpé
2 mangues mûres, pelées, en petits dés
15 ml (1 c. à soupe) de vinaigre balsamique blanc
1 oignon rouge, haché finement
Sel de mer

PRÉPARATION

1. Préchauffer le four à 160 °C (325 °F).

2. Préparer trois carrés de papier d'aluminium. Déposer une betterave jaune sur chaque carré, les envelopper, puis les déposer sur une plaque à biscuits. Enfourner et cuire environ 30 minutes (selon la taille).

3. Dans un bol à mélanger, verser l'huile d'olive, le basilic et le gingembre. Mélanger et réserver.

4. Dans une poêle, verser une petite cuillérée d'huile d'olive et faire colorer les dés de betteraves.

5. Déposer les betteraves dans l'huile parfumée, mélanger et laisser refroidir

6. Lorsque les betteraves et l'huile parfumée sont entièrement refroidies, les verser dans un bol à mélanger puis ajouter les dés de mangues et le vinaigre balsamique. Mélanger et laisser mariner au moins 1 heure.

7. Juste avant de servir, ajouter l'oignon et mélanger la salsa. Ajouter du sel, puis déguster.

PISTES HARMONIQUES DES LIQUIDES

Servez un blanc élevé en barriques de chêne, plus particulièrement les vins à base de fumé blanc provenant des États-Unis. Un grand sancerre de noble terroir, aussi passé par le fût, est on ne peut plus harmonieux.

TAPAS DE FROMAGE EN CROTTES AROMATISÉES FAÇON_Mc^2

ASTUCE AROMATIQUE

Pourquoi ne pas moderniser le plus que québécois fromage en grains, communément appelé fromage en crottes, en le marinant dans l'une de nos recettes d'huiles parfumées d'herbes (voir recettes aux pages 188 à 191), pour ainsi le servir en tapas, cure-dent dans une main et verre de vin dans l'autre?! N'utilisez que des herbes et des épices de la même famille que le fromage cheddar, à la base du fromage en grains, ainsi la synergie aromatique sera vibrante au possible. On peut aussi y ajouter quelques autres ingrédients de même famille aromatique que ces « crottes fromagées ».

INGRÉDIENTS

454 g (1 lb) de fromage en grains
125 ml (½ tasse) d'huile parfumée de votre choix

CONCEPT DE BASE

1. Dans un contenant plat muni d'un couvercle hermétique, déposer le fromage et verser l'huile de votre choix. Fermer le couvercle et déposer au réfrigérateur. Laisser mariner au moins une journée avant de déguster.

2. Égoutter le fromage et déposer les grains dans un bol de service.

3. Servir en offrant des piques ou des cure-dents. Il est aussi possible d'ajouter un aliment complémentaire à ces huiles aromatiques.

TAPAS DE FROMAGE EN CROTTES_Mc² À L'HUILE DE BASILIC ET MORCEAUX DE POMMES ROUGES FRAÎCHES

ASTUCE AROMATIQUE

Sur la piste des aliments à goût anisé, vous pouvez aussi remplacer le basilic par de l'estragon, du fenouil, du cerfeuil, de la menthe, du cumin, de l'origan ou du shiso.

INGRÉDIENTS

125 ml (½ tasse) d'huile de basilic (voir recette d'huile d'herbes fraîches à la page 191)

1 pomme Red Delicious, taillée en cubes de la même dimension que les grains de fromage

PRÉPARATION

1. Dans un contenant plat muni d'un couvercle hermétique, déposer le fromage, verser l'huile de basilic et les pommes. Fermer le couvercle et agiter pour enduire d'huile les grains de fromage et les pommes. Déposer au réfrigérateur et laisser mariner au moins une journée.

2. Égoutter le fromage et déguster !

PISTES HARMONIQUES DES LIQUIDES

Sauvignon blanc/verdejo/cortese/furmint/garganega/godello/greco di tufo/grüner veltliner.

 # TAPAS DE FROMAGE EN CROTTES_Mc² À L'HUILE DE CORIANDRE FRAÎCHE ET MORCEAUX DE POMMES VERTES FRAÎCHES

ASTUCE AROMATIQUE

Eh oui, la coriandre fraîche et la pomme verte résonnent sur la même fréquence aromatique que le fromage en crottes !

INGRÉDIENTS

125 ml (½ tasse) d'huile de coriandre fraîche (voir recette d'huile d'herbes fraîches à la page 191)

1 pomme Granny Smith, taillée en cubes de la même dimension que les grains de fromage

PRÉPARATION

1. Dans un contenant plat muni d'un couvercle hermétique, déposer le fromage, verser l'huile de coriandre fraîche et les pommes. Fermer le couvercle et agiter pour enduire d'huile les grains de fromage et les pommes. Déposer au réfrigérateur et laisser mariner au moins une journée.

2. Égoutter le fromage et déguster !

PISTES HARMONIQUES DES LIQUIDES

Albariño/riesling/grüner veltliner/xérès Fino.

CAROTTE/CURCUMA

TAPAS DE FROMAGE EN CROTTES_Mc² À L'HUILE DE CURCUMA ET CAROTTES

ASTUCE AROMATIQUE

Ah oui, la carotte orange et le curcuma aussi !

INGRÉDIENTS

125 ml (½ tasse) d'huile de curcuma (voir page 190)
2 carottes nantaises, épluchées

PRÉPARATION

1. Dans une casserole, porter de l'eau à ébullition et blanchir les carottes rapidement. Déposer immédiatement dans un bain de glace. Tailler les carottes en cubes de la même dimension que les grains de fromage et réserver.

2. Dans un contenant plat muni d'un couvercle hermétique, déposer le fromage, verser l'huile de curcuma et les carottes. Fermer le couvercle et agiter pour enduire d'huile les grains de fromage et les carottes. Déposer au réfrigérateur et laisser mariner au moins une journée.

3. Égoutter le fromage et déguster !

PISTES HARMONIQUES DES LIQUIDES

Chenin blanc/pinot blanc/romorantin/vermentino.

TAPAS DE FROMAGE EN CROTTES_Mc² À L'HUILE DE GINGEMBRE ET LITCHIS

ASTUCE AROMATIQUE

Ici, nous sommes partis sur la piste des jumeaux aromatiques que sont le gingembre et le litchi.

INGRÉDIENTS

125 ml (½ tasse) d'huile de gingembre (voir page 190)
60 g (½ tasse) de litchis dans le sirop

PRÉPARATION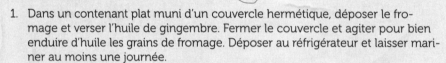

1. Dans un contenant plat muni d'un couvercle hermétique, déposer le fromage et verser l'huile de gingembre. Fermer le couvercle et agiter pour bien enduire d'huile les grains de fromage. Déposer au réfrigérateur et laisser mariner au moins une journée.
2. Une heure avant de servir, égoutter les litchis et les tailler en quartiers. Ajouter les litchis aux grains de fromage, puis agiter le contenant pour bien enduire d'huile les litchis. Laisser mariner.
3. Égoutter le fromage et déguster !

PISTES HARMONIQUES DES LIQUIDES

Malvasia bianca/moschofilero/gewurztraminer.

TAPAS DE FROMAGE EN CROTTES_Mc² À L'HUILE DE LAVANDE ET RAISINS MUSCATS

ASTUCE AROMATIQUE

Le floral du muscat trouve preneur dans les composés volatils du cheddar.

INGRÉDIENTS

125 ml (½ tasse) d'huile de lavande (voir recette d'huile d'herbes fraîches à la page 191)
160 g (1 tasse) de raisins muscats

PRÉPARATION

1. Dans un contenant plat muni d'un couvercle hermétique, déposer le fromage et verser l'huile de lavande. Fermer le couvercle et agiter pour bien enduire les grains de fromage. Déposer au réfrigérateur et laisser mariner au moins une journée.

2. Une heure avant de servir, tailler les raisins en deux et les ajouter aux grains de fromage. Agiter le contenant pour bien enduire d'huile les raisins et laisser mariner.

3. Égoutter le fromage et déguster !

PISTES HARMONIQUES DES LIQUIDES

Muscat sec/moschofilero.

 POMME JAUNE/SAFRAN

TAPAS DE FROMAGE EN CROTTES_Mc² À L'HUILE DE SAFRAN ET MORCEAUX DE POMMES JAUNES FRAÎCHES

ASTUCE AROMATIQUE

La puissante synergique pomme jaune et safran semble avoir été pensée pour notre fromage en crottes national).

INGRÉDIENTS

125 ml (½ tasse) d'huile de safran (voir recette d'huile d'herbes fraîches à la page 191)

1 pomme Golden Delicious, taillée en cubes de la même dimension que les grains de fromage

PRÉPARATION

1. Dans un contenant plat muni d'un couvercle hermétique, déposer le fromage, verser l'huile de safran et les pommes. Fermer le couvercle et agiter pour enduire d'huile les grains de fromage et les pommes. Déposer au réfrigérateur et laisser mariner au moins une journée.

2. Égoutter le fromage et déguster !

PISTES HARMONIQUES DES LIQUIDES

Riesling australien.

TARTARE DE BŒUF, CHAMPIGNONS SHIITAKES, VINAIGRETTE DE BETTERAVES ET COPEAUX DE PARMESAN

ASTUCE AROMATIQUE

Le classique tartare réajusté pour que le lien avec le vin rouge soit plus juste et gourmand. Pour ce faire, nous avons opté pour la piste des aliments qui partagent la présence des saveurs « umami », comme le bœuf. Ce à quoi répondent le parmesan et les shiitakes. Puis, un ajout de vinaigrette de betteraves pour consolider l'harmonie en rouge.

INGRÉDIENTS

VINAIGRETTE « TARTARE »

2 échalotes françaises, ciselées
45 ml (3 c. à soupe) de moutarde de Dijon
15 ml (1 c. à soupe) de vinaigre balsamique
Tabasco au goût
15 g (1 c. à soupe) de câpres, hachées
Sel de mer et poivre du moulin
60 ml (4 c. à soupe) d'huile d'olive

TARTARE

1 noix de beurre
1 barquette (8 oz) de champignons shiitakes frais, taillés
454 g (1 lb) de filet de bœuf, taillé finement
Vinaigrette « tartare »
1 jaune d'œuf
Vinaigrette de betteraves rouges (voir page 78)
Copeaux de fromage parmesan

PRÉPARATION

1. **Préparer la vinaigrette « tartare ».** Dans un grand bol à mélanger, déposer les échalotes, la moutarde de Dijon, le vinaigre balsamique, le Tabasco, les câpres, le sel et le poivre du moulin, puis mélanger le tout. Verser l'huile d'olive et mélanger. Réserver.

2. **Préparer le tartare.** Dans une poêle, déposer une noix de beurre et faire revenir les champignons pour leur donner une belle couleur dorée. Retirer la poêle du feu et laisser refroidir pour l'assemblage final.

3. Dans un grand bol à mélanger, déposer le bœuf et les champignons shiitakes, verser la vinaigrette « tartare » et l'œuf. Bien mélanger la préparation. Rectifier l'assaisonnement. Couvrir d'une pellicule plastique et réserver au réfrigérateur.

4. Pour dresser l'assiette, déposer un emporte-pièce dans le fond de l'assiette et le remplir de tartare.

5. Tracer un beau cordon de vinaigrette de betteraves autour du tartare, en guise de sauce d'accompagnement, et parsemer de copeaux de fromage parmesan.

PISTES HARMONIQUES DES LIQUIDES

Du vin rouge, provenant du Nouveau Monde, gorgé de soleil, aux tanins chauds, donc au profil « umami ». Et dans cette palette, il y a avant tout le pinot noir et les assemblages grenache/syrah/mourvèdre (GSM).

ALGUE NORI/FRAMBOISE

 # SUSHIS EN BONBONS DE PURÉE DE FRAMBOISES

ASTUCE AROMATIQUE

Cette recette m'a été inspirée à la suite de l'un de mes séjours de travail en cuisine au restaurant elBulli. Depuis mon retour d'Espagne, l'idée de travailler le nori me hantait, car, dans la liste des ingrédients complémentaires à cette algue à sushis, il y a, entre autres, la framboise, ainsi que l'olive noire et le poivre. Ce qui nous a permis d'aboutir sur cet éclectique bonbon « sans sucre », tout comme sur des sushis « pour amateur de vin rouge » (voir la recette sur papillesetmolecules.com).

INGRÉDIENTS

GELÉE DE FRAMBOISES

10 g (3 c. à thé) d'agar-agar
1 kg (4 tasses) de purée de framboises
50 g (3 1/3 c. à soupe) de sucre (sauf si purée sucrée)

POUR HUMIDIFIER LES FEUILLES D'ALGUES

500 ml (2 tasses) d'eau
3 feuilles de nori (8 x 8), taillées grossièrement
2 g (¾ c. à thé) d'agar-agar
Feuilles d'algues nori entières

PRÉPARATION

1. **Préparer la gelée de framboises.** Dans une casserole à fond épais, faire dissoudre l'agar-agar dans la moitié de la purée de framboises. Porter à ébullition et cuire pendant 3 à 5 minutes.

2. Ajouter le reste de la purée en remuant continuellement, puis chauffer sans que la préparation n'atteigne le point d'ébullition.

3. Verser la purée sur des plaques à biscuits. Le gel de framboises doit avoir une épaisseur de 1,2 cm (½ po).

4. Dans une casserole, porter l'eau à ébullition, puis ajouter les algues.

5. Dans le bol d'un mélangeur, verser l'eau d'algues et réduire en coulis.

6. Au-dessus d'une petite casserole, verser le liquide dans une passoire fine, puis ajouter l'agar-agar. Mélanger et cuire pendant 3 à 4 minutes, puis verser dans un petit bol et réserver.

7. Tailler la gelée de framboises en bandes de 2 cm (¾ po). Réserver.

8. Sur le plan de travail, étaler les feuilles de nori, puis, à l'aide d'un pinceau fin, humidifier le coulis d'algues.

9. Déposer une bande de gelée de framboises sur une feuille de nori humidifiée, puis rouler en prenant soin de bien serrer. Répéter l'opération pour chaque bande de gelée de framboises.

10. Tailler les rouleaux en bouchées de 2,5 cm (1 po) et servir.

PISTES HARMONIQUES DES LIQUIDES

Les vins de cépage gamay, qu'ils soient du Beaujolais ou de Touraine, tout comme ceux de cabernet franc provenant de Chinon et de Bourgueil, sont sur la même piste aromatique que la framboise.

THÉ PU-ERH/FROMAGE SAINT NECTAIRE

TARTE DE POMMES DE TERRE CUITES AU THÉ PU-ERH ET FROMAGE SAINT NECTAIRE

ASTUCE AROMATIQUE

La saveur de terre humide de la pomme de terre se retrouve aussi dans le fromage Saint Nectaire, tout comme dans le thé Pu-erh, qui est un thé vieilli. La peau de la figue génère aussi cette même saveur. Nous avons donc créé une autre version avec celle-ci (voir page 63).

INGRÉDIENTS

5 ml (1 c. à thé) de thé Pu-erh

1 kg (2 lb) de pommes de terre à chair jaune

1 gousse d'ail, hachée

1 oignon jaune moyen, émincé

15 g (1 c. à soupe) de beurre salé

125 ml (½ tasse) de crème 35 %

200 g (7 oz) de Saint Nectaire avec la croûte

1 abaisse de pâte feuilletée

Sel, poivre du moulin

PRÉPARATIONS

1. Dans une casserole d'eau frémissante, ajouter le thé Pu-erh, et y cuire les pommes de terre lavées et non épluchées jusqu'à ce que la lame d'un couteau entre à l'intérieur de la chair, soit environ 20 minutes.
2. Abaisser la pâte feuilletée et chemiser votre plat à tarte. Réserver au réfrigérateur.
3. Éplucher les pommes de terre cuites et étaler sur la pâte en les plaçant en rosace.
4. Préchauffer le four à 160 °C (325 °F).
5. Dans une poêle, faire suer l'ail et l'oignon dans le beurre mousseux, sans coloration. Réserver
6. Dans une casserole, faire chauffer la crème.
7. Ajouter le Saint Nectaire, dont la peau aura été retirée, mais la conserver pour la finition.
8. Remuer au fouet pour homogénéiser le fromage à la crème, saler.
9. Déposer la compotée d'oignons sur les pommes de terre.
10. Verser la crème de Saint Nectaire sur les pommes de terre.
11. Enfourner et cuire pendant 30 minutes.
12. Déguster tiède.

PISTES HARMONIQUES DES LIQUIDES

Les arômes de type « terre humide » se trouvent dans de nombreux vins, plus particulièrement dans les vins rouges de la Loire à base de cabernet franc (Bougueuil, Saumur-Champigny, Chinon). Chez les blancs, la palme revient à l'immuable vin jaune du Jura, suivi de près par la manzanilla passada, un xérès de type fino, mais plus longuement vieilli, donc plus oxydatif. On trouve aussi ce profil « terre humide » dans le scotch single malt. Osez aussi les thés vieillis Pu-erh et les thés cuits Wulong, ainsi que les thés cuits ou fumés, comme le Zheng Shan Ziao Zhong et le Lapsang Souchong.

FIGUE FRAÎCHE/FROMAGE SAINT NECTAIRE

TARTE DE POMMES DE TERRE AU SAINT NECTAIRE ET FIGUES FRAÎCHES

ASTUCE AROMATIQUE

Notre deuxième version sur la piste des saveurs de terre humide, cette fois-ci avec la figue fraîche, dont la peau dégage ce parfum unique.

INGRÉDIENTS

5 ml (1 c. à thé) de thé Pu-erh
1 kg (2 lb) de pommes de terre à chair jaune
1 abaisse de pâte feuilletée
125 ml (½ tasse) de crème 35 %

200 g (7 oz) de Saint Nectaire avec la croûte
1 oignon jaune moyen, émincé
1 gousse d'ail, hachée
15 g (1 c. à soupe) de beurre salé

Sel, poivre du moulin
8 figues fraîches, tranchées finement

PRÉPARATION

1. Dans une casserole d'eau frémissante, ajouter le thé Pu-erh, et y cuire les pommes de terre lavées et non épluchées jusqu'à ce que la lame d'un couteau entre à l'intérieur de la chair, soit environ 20 minutes.
2. Abaisser la pâte feuilletée et chemiser un plat à tarte.
3. Réserver au réfrigérateur.
4. Éplucher les pommes de terre cuites et étaler sur la pâte en les plaçant en rosace.
5. Préchauffer le four à 160 °C (325 ºF).
6. dans une poêle, faire suer l'oignon et l'ail dans le beurre mousseux, sans coloration. Réserver
7. Dans une casserole, faire chauffer la crème.
8. Ajouter le Saint Nectaire, dont la peau aura été retirée, mais conservée pour la finition.
9. Remuer au fouet pour homogénéiser le fromage à la crème, saler.
10. Déposer la compotée d'oignons sur les pommes de terre.
11. Verser la crème de Saint Nectaire sur les pommes de terre.
12. Enfourner et cuire pendant 30 minutes.

PISTES HARMONIQUES DES LIQUIDES

Suivez les mêmes conseils que ceux prodigués dans notre première version, la tarte de pommes de terre cuites au thé Pu-erh et fromage Saint Nectaire (voir page 62).

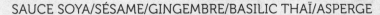

BŒUF EN SALADE ASIATIQUE

ASTUCE AROMATIQUE

Les parfums de la viande de bœuf, une fois marinée, ouvrent la voie à une multitude d'aliments complémentaires pour jazzer cette salade classiquement asiatique. La bavette marinée pourrait aussi être accompagnée d'une salade de riz sauvage (voir page 73) ou d'une salade de betteraves.

INGRÉDIENTS

BŒUF

400 g (14 oz) de bavette de bœuf
62,5 ml (¼ tasse) de sauce soya
15 ml (1 c. à soupe) de sauce de poisson
5 ml (1 c. à thé) d'huile de sésame
24 g (1 ²/₃ c. à soupe) de gingembre frais, râpé

SALADE

1 botte d'asperges vertes, la partie fibreuse des tiges retirée
15 ml (1 c. à soupe) de sauce soya
5 ml (1 c. à thé) d'huile de sésame
30 ml (2 c. à soupe) de vinaigre de riz
15 g (1 c. à soupe) de sucre
½ botte de basilic thaï, haché finement
1 botte de coriandre fraîche, hachée finement
1 botte d'oignons verts, ciselés
100 g (¹/₅ lb) de pousses de soya

PRÉPARATION

1. **Préparer le bœuf.** Au besoin, parer la bavette de bœuf. Réserver.

2. Dans un grand contenant, verser la sauce soya, la sauce de poisson, l'huile de sésame et le gingembre. Mélanger la marinade et y déposer la bavette de bœuf. Couvrir et réfrigérer pendant 24 heures.

3. Quelques heures avant de servir, cuire le bœuf sur le BBQ. La cuisson désirée ici est saignant-à-point. Laisser refroidir.

4. **Préparer la salade**. Plonger les asperges et les cuire *al dente*. Les placer dans un bain de glace, puis égoutter. Réserver.

5. Dans un bol à mélanger, verser la sauce soya, l'huile de sésame, le vinaigre de riz et le sucre. Mélanger le tout.

6. Ajouter le basilic thaï, la coriandre, les oignons verts dans la vinaigrette et bien mélanger.

7. Tailler la bavette refroidie en lanières et réserver.

8. Dans un grand bol à salade, déposer les pousses de soya, les asperges et les

lanières de bœuf.

9. Verser la vinaigrette sur la salade et bien mélanger.

Note : La salade peut être accompagnée de vermicelles de riz.

PISTES HARMONIQUES DES LIQUIDES

Vins rouges de cabernet franc (chinon/bourgueil/saint-nicolas de bourgueil/saumur-champigny) et de gamay (beaujolais/touraine) en tête de liste. Mais aussi mencia (Bierzo) et pinot noir de climat frais (Nouvelle-Zélande). Sans compter que vous pourriez surprendre vos invités avec un vin blanc, plus précisément un muscadet de quelques années de bouteille et servi à 14 °C !

CUMIN

SALADE DE CAROTTES AU CUMIN

ASTUCE AROMATIQUE

Cumin et carottes sont mariés depuis des lustres, et ce, tant dans cette salade que dans la soupe, et avec raison ! C'est qu'ils partagent tous deux la même piste aromatique, soit celle des composés volatils anisés. Partant de ce constat, nous vous offrons ce classique, ainsi que quelques variantes, toujours avec une herbe de la famille des anisés !

INGRÉDIENTS

15 ml (1 c. à soupe) de graines de cumin
60 g (¼ tasse) de raisins secs
45 ml (3 c. à soupe) de vinaigre de xérès
Sel de mer et poivre du moulin
125 ml (½ tasse) d'huile d'olive
10 carottes, râpées

PRÉPARATION

1. Dans un mortier, déposer les graines de cumin et les concasser à l'aide d'un pilon.

2. Dans un petit bol, déposer les raisins secs et couvrir d'eau tiède. Laisser tremper.

3. Dans une petite casserole, verser le vinaigre de xérès et laisser tiédir.

4. Dans un bol à mélanger, verser le vinaigre de xérès tiède, puis ajouter la poudre de cumin, le sel et le poivre. Verser l'huile d'olive en filet tout en fouettant pour bien émulsionner la vinaigrette.

5. Verser l'eau de trempage des raisins, puis éliminer l'excédent d'eau en les pressant entre vos mains.

6. Déposer les raisins dans le bol avec les carottes, puis verser la vinaigrette. Mélanger le tout et rectifier l'assaisonnement. Réfrigérer avant de servir.

PISTES HARMONIQUES DES LIQUIDES

Qui dit aliments à goût anisé dit vins blancs de sauvignon blanc, tout comme de cépages complémentaires à ce dernier, dont : verdejo/grüner veltliner/romorantin/chenin blanc/greco di Tufo/cortese di Gavi.

SALADE DE CAROTTES À LA MENTHE

ASTUCE AROMATIQUE

Question de rester sur la même piste aromatique, qui est celle de la carotte et de la menthe, il est possible ici de remplacer le vinaigre balsamique blanc par notre recette de vinaigrette de pamplemousse rose.

INGRÉDIENTS

10 carottes, râpées
½ bouquet de menthe fraîche, ciselée
45 ml (3 c. à soupe) de vinaigre balsamique blanc
Sel de mer et poivre du moulin
125 ml (½ tasse) d'huile d'olive

PRÉPARATION

1. Dans un bol à mélanger, déposer les carottes et la menthe.
2. Dans un autre bol à mélanger, verser le vinaigre balsamique, puis ajouter le sel et le poivre. Verser l'huile d'olive en filet tout en fouettant pour bien émulsionner la vinaigrette.
3. Verser la vinaigrette sur les carottes et mélanger le tout. Rectifier l'assaisonnement et réfrigérer avant de servir.

PISTES HARMONIQUES DES LIQUIDES

Sauvignon blanc/verdejo/grüner veltliner/romorantin/chenin blanc/greco di Tufo/cortese di Gavi.

SALADE DE CAROTTES À L'ANIS ÉTOILÉ

ASTUCE AROMATIQUE

Contrairement à nos autres recettes de carottes, l'anis étoilé de celle-ci renforce encore plus le lien avec le rouge de syrah, ayant le pouvoir de calmer les tanins de ce dernier, tout en allongeant ses saveurs. Une salade qui donne de la longueur aux vins !

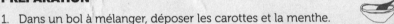

INGRÉDIENTS

2 étoiles de badiane (anis étoilé)
60 g (¼ tasse) de raisins secs
45 ml (3 c. à soupe) de vinaigre balsamique
Sel de mer et poivre du moulin
125 ml (½ tasse) d'huile d'olive
10 carottes, râpées

PRÉPARATION

1. Dans un mortier, déposer l'anis étoilé. Réduire en poudre à l'aide d'un pilon.
2. Dans un petit bol, déposer les raisins secs et couvrir d'eau tiède. Laisser tremper.
3. Dans une petite casserole, verser le vinaigre balsamique et laisser tiédir.
4. Dans un bol à mélanger, verser le vinaigre balsamique tiède, puis ajouter la poudre d'anis, le sel et le poivre. Verser l'huile d'olive en filet tout en fouettant pour bien émulsionner la vinaigrette.
5. Verser l'eau de trempage des raisins, puis éliminer l'excédent d'eau en les pressant entre vos mains.
6. Déposer les raisins dans le bol avec les carottes et verser la vinaigrette. Mélanger le tout et rectifier l'assaisonnement. Réfrigérer avant de servir.

PISTES HARMONIQUES DES LIQUIDES

Blanc ou rouge, tout est possible ! C'est que la famille des anisés, à laquelle font partie la carotte et l'anis étoilé, permet l'accord tant avec le sauvignon blanc qu'avec la syrah.

NOIX DE COCO GRILLÉE/NOISETTE

SALADE DE CHAMPIGNONS

ASTUCE AROMATIQUE

Aussi étonnant que cela puisse paraître, la noix de coco et les noisettes sont sur la même tonalité aromatique que les champignons. Rien de mieux pour moderniser la classique salade de champignons de Paris !

INGRÉDIENTS

VINAIGRETTE

30 ml (2 c. à soupe) de vinaigre de xérès (ou balsamique)
2,5 g (½ c. à thé) de sel de mer fin
10 ml (2 c. à thé) de moutarde de Dijon
60 ml (4 c. à soupe) d'huile de noisette
60 ml (4 c. à soupe) d'huile de canola
2 barquettes (16 oz) de champignons blancs, en quartiers
62,5 ml (¼ tasse) de copeaux de noix de coco grillée

PRÉPARATION

PRÉPARER LA VINAIGRETTE

1. Dans un petit bol à mélanger, verser le vinaigre et le sel, puis mélanger jusqu'à ce que le sel soit dissout. Ajouter la moutarde.
2. Verser ensuite les huiles en filet en émulsionnant à l'aide d'un fouet.
3. Verser la vinaigrette sur les champignons et mélanger pour bien enrober les champignons.
4. Rectifier l'assaisonnement en sel et saupoudrer de copeaux de noix de coco grillées juste avant de servir.

PISTES HARMONIQUES DES LIQUIDES

Les trois ingrédients dominants de cette recette simplissime donnent l'accord en mode « vins élevés en barriques », qu'ils soient blancs ou rouges. Chardonnay, roussanne et pinot noir du Nouveau Monde sont à privilégier.

PAPAYE

SALADE DE CHOU ET VINAIGRETTE À LA PAPAYE

ASTUCE AROMATIQUE

Chou et papaye ?! Eh oui ! ils sont tous deux sur le même mode aromatique, ce qui crée une vibrante synergie aromatique lorsque cuisinés ensemble. Il est possible aussi d'ajouter des baies de cassis, qui sont sur la même piste, et de remplacer, comme nous l'avons fait, le vinaigre de la vinaigrette par du jus de pamplemousse rose, aussi dans cette même grande famille aromatique. C'est ce qui s'appelle moderniser, et pas à peu près, la traditionnelle *coleslaw* !

INGRÉDIENTS

62,5 ml (¼ tasse) de mayonnaise maison
62,5 ml (¼ tasse) de yogourt nature (Liberté)
60 ml (4 c. à soupe) de jus de pamplemousse rose
15 ml (1 c. à soupe) de graines de papaye*
62,5 ml (¼ de tasse) de chair de papaye
5 ml (1 c. à thé) de moutarde de Dijon
Sel de mer fin
1,25 kg (2 ¼ lb) de chou pommé, émincé

PRÉPARATION

1. Dans le bol d'un mélangeur, verser la mayonnaise maison, le yogourt, le jus de pamplemousse, les graines et la chair de papaye ainsi que la moutarde de Dijon. Mélanger le tout jusqu'à l'obtention d'une belle texture lisse. Si la vinaigrette est trop épaisse, ajouter un peu de lait pour détendre la texture. Assaisonner de sel, puis mélanger de nouveau.

2. Dans un grand bol à salade, déposer le chou, puis ajouter la vinaigrette. Mélanger le tout et laisser reposer au moins 1 heure avant de servir la salade.

* Lorsque vous ouvrez la papaye, prenez soin de récupérer toutes les graines. Faire sécher au soleil ou dans un endroit chaud et sec. Notez que les graines de papaye séchées peuvent être utilisées dans un moulin, en substitut du poivre, spécialement dans les recettes à base de chou comme celle-ci.

PISTES HARMONIQUES DES LIQUIDES

Une ixième recette dont les aliments dominants partagent le même profil aromatique que celui des vins de sauvignon blanc, plus particulièrement des versions néo-zélandaises.

SALADE DE CHOU-FLEUR ET VINAIGRETTE À LA PAPAYE, AUX CÂPRES ET AU WASABI

ASTUCE AROMATIQUE

Wasabi, câpres, chou-fleur et papaye sont de la même famille aromatique. Étonnant non?! En saison, tout comme à l'heure du brunch, ajoutez quelques morceaux de chair de papaye. Cette salade tout comme notre soupe n'en seront que plus exotiques et rafraîchissantes.

INGRÉDIENTS

1 chou-fleur, en fleurons
62,5 ml (¼ tasse) de mayonnaise maison
62,5 ml (¼ tasse) de yogourt nature (Liberté)
45 ml (3 c. à soupe) de vinaigre de cidre
15 ml (1 c. à soupe) de graines de papaye*
62,5 ml (¼ tasse) de chair de papaye
5 ml (1 c. à thé) de moutarde de Dijon
Sel de mer fin
Wasabi
45 g (3 c. à soupe) de câpres surfines
Quelques dés de papaye

PRÉPARATION

1. Dans une grande casserole, verser de l'eau fraîche et porter à ébullition. Déposer les fleurons de chou-fleur et les faire blanchir pendant 2 minutes. Égoutter les fleurons et les plonger dans un bain de glace.

2. Dans le bol d'un mélangeur, verser la mayonnaise maison, le yogourt nature, le vinaigre de cidre, les graines et la chair de papaye ainsi que la moutarde de Dijon. Mélanger le tout jusqu'à l'obtention d'une belle texture lisse. Si la texture est trop épaisse, ajouter un peu de lait pour détendre la texture.

Assaisonner de sel, puis ajouter le wasabi et mélanger de nouveau.

3. Dans un grand bol à salade, déposer les fleurons de chou-fleur, puis verser la vinaigrette. Ajouter ensuite les câpres, quelques dés de papaye et mélanger le tout. Laisser mariner la salade au moins 1 heure avant de la servir.

* Prendre soin de récupérer toutes les graines de papaye. Les faire sécher au soleil ou dans un endroit chaud et sec. Les graines de papaye séchées peuvent être utilisées dans un moulin, en substitut du poivre, spécialement dans les recettes à base de chou, comme celle-ci.

PISTES HARMONIQUES DES LIQUIDES

Une ixième recette dont les aliments dominants partagent le même profil aromatique que celui des vins de sauvignon blanc, plus particulièrement des versions néo-zélandaises.

FÈVE DE SOYA/MELON D'EAU GRILLÉ/TOMATE/SÉSAME GRILLÉ/PAPRIKA

SALADE DE FARFALLE AUX CREVETTES, TOMATES FRAÎCHES ET MELON D'EAU GRILLÉ, VINAIGRETTE DE PAMPLEMOUSSE ROSE

ASTUCE AROMATIQUE

Crevette, tomate et melon d'eau ne font qu'un, étant tous de même famille aromatique. Et le melon d'eau grillé, c'est génial! Ça résonne encore plus fort avec le sésame grillé.

INGRÉDIENTS

454 g (1 lb) de farfalle*
Huile d'olive
454 g (1 lb) de crevettes crues (41/50)
100 g (3 ½ oz) de melon d'eau, tranché
250 g (1 barquette) de tomates cerise, taillées en deux
50 ml (⅕ tasse) de fèves de soya germées
15 ml (1 c. à soupe) de paprika
Vinaigrette au jus de pamplemousse rose (voir page 76)
5 ml (1 c. à thé) d'huile de sésame grillé
Sel de mer

PRÉPARATION

1. Cuire les pâtes à l'eau salée bouillante en suivant les indications du fabricant. Lorsqu'elles sont cuites, égoutter les pâtes, puis les rafraîchir sous l'eau froide. Déposer les pâtes dans un grand bol à salade et y verser un peu d'huile d'olive. Mélanger délicatement pour bien enduire les pâtes. Réserver.
2. Cuire les crevettes selon les consignes de la page 93. Laisser refroidir.

Réserver.

3. Préchauffer le BBQ.

4. À l'aide d'un pinceau, badigeonner les tranches de melon d'eau avec l'huile d'olive et les déposer sur la grille du BBQ. Griller chaque tranche fortement. Laisser refroidir. Tailler en cubes. Réserver.

5. Dans le bol contenant les pâtes, déposer tous les éléments, incluant les fèves de soya germées et mélanger délicatement pour ne pas meurtrir les ingrédients. Verser la vinaigrette et l'huile de sésame grillé, puis mélanger à nouveau. Assaisonner et servir.

* Les farfalle sont des pâtes en forme de papillon.

PISTES HARMONIQUES DES LIQUIDES

Le profil aromatique de la crevette, et de ses aliments complémentaires utilisés dans cette salade, permet différents styles de vins qui partagent tous le même profil. Il y a le fumé blanc, le vin rosé, le champagne et le xérès fino.

FRAMBOISE/ALGUE NORI/EAU DE ROSE

SALADE DE FRAMBOISES À L'EAU DE ROSE ET JULIENNE D'ALGUE NORI

ASTUCE AROMATIQUE

Le profil aromatique de la framboise est partagé par l'algue nori, qui sert à la confection des délicieux sushis, ainsi que par l'eau de rose, l'eau de violette et le sirop de cassis, tout comme par la carotte cuite et la mûre. Donc, à défaut de framboises, utilisez des mûres. Et si vous ne trouvez pas d'eau de rose, optez pour l'eau de violette, ou encore pour un thé noir rafraîchi !

INGRÉDIENTS

250 ml (1 tasse) d'eau
15 g (1 c. à soupe) de sucre blanc
45 ml (3 c. à soupe) d'eau de rose
22,5 ml (1 ½ c. à soupe) de sirop de cassis
2 barquettes de framboises (environ 500 g (1 lb))
1 feuille de nori, en julienne

PRÉPARATION

1. Dans une casserole à fond épais, verser l'eau et le sucre, et porter à ébullition. Réduire le feu et cuire à feu doux pendant 3 minutes pour obtenir un sirop.

2. Retirer la casserole du feu. Laisser refroidir complètement. Ajouter l'eau de rose et le sirop de cassis. Mélanger.

3. Au moment de servir, verser le sirop froid sur les framboises et mélanger délicatement pour ne pas meurtrir les petits fruits.

4. Servir les portions dans de petits bols et parsemer de julienne de nori. (Note :

La synergie aromatique opère encore plus fortement une fois que le nori commence à s'humidifier.)

PISTES HARMONIQUES DES LIQUIDES

Sortez vos beaujolais rouges, bien frais, tout comme les rouges de gamay provenant de Touraine. Un thé glacé – vous pourriez y ajouter quelques boutons de rose séchée... – fait aussi une belle rencontre.

CHAMPIGNON/MISO/HUILE DE NOIX/ASPERGE VERTE RÔTIE

SALADE DE RIZ SAUVAGE AUX CHAMPIGNONS

ASTUCE AROMATIQUE

Riz sauvage, champignons, miso, noix... tous sur le même mode aromatique (dominé par des composés volatils de la famille des pyrazines). Une fois ces aliments cuits s'y ajoute une autre famille aromatique, née de la réaction de Maillard, qui rend possible l'ajout de pointes d'asperges vertes rôties. Cette salade peut aussi être servie en accompagnement de viandes grillées à l'émulsion Mister Maillard_Mc^2! (voir recette sur **papillesetmolecules.com**).

INGRÉDIENTS

180 g (1 tasse) de riz sauvage
1 litre (4 tasses) d'eau
30 ml (2 c. à soupe) de vinaigre de xérès
1 gousse d'ail, hachée
7,5 ml (1 ½ c. à thé) de miso*
62,5 ml (¼ tasse) d'huile végétale
62,5 ml (¼ tasse) d'huile de noix
1 noix de beurre
1 barquette (8 oz) de champignons blancs, tranchés
120 g (½ tasse) de noix de Grenoble, concassées
Sauce soya au besoin

PRÉPARATION

1. Rincer le riz à l'eau claire et réserver.

2. Dans une grande casserole, déposer le riz rincé, puis verser l'eau et porter à ébullition. Couvrir et réduire le feu. Cuire le riz à frémissement pendant 45 minutes. Verser le riz cuit dans une passoire et le rafraîchir à l'eau froide. Égoutter le riz et réserver.

3. Dans un bol à mélanger, verser le vinaigre de xérès, l'ail, le miso et mélanger à l'aide d'un fouet. Verser l'huile végétale en filet, puis celle de noix en fouettant sans cesse pour bien émulsionner la vinaigrette.

4. Dans une poêle, faire fondre le beurre et ajouter les champignons. Faire sauter les champignons rapidement jusqu'à ce qu'ils soient colorés. Retirer du feu et les laisser refroidir légèrement.

5. Dans le bol contenant la vinaigrette, ajouter le riz, les noix de Grenoble et les champignons, puis mélanger le tout. Vérifier l'assaisonnement. Ajouter quelques gouttes de sauce soya, au besoin.

* Le miso est un condiment japonais traditionnel. C'est une pâte fermentée faite à partir de fèves de soya, de sel, de riz ou d'orge et d'une substance qui lui permet de fermenter. Le miso a une texture qui rappelle celle d'un beurre de noix.

PISTES HARMONIQUES DES LIQUIDES

Une salade sur mesure pour les vins rouges de cabernet sauvignon, de cabernet franc, de merlot, de malbec ou de tannat, ayant séjourné en barriques de chêne. Tous sont riches en pyrazines et en composés de la réaction de Maillard, comme tous les ingrédients cités plus haut.

BASILIC THAÏ/CLOU DE GIROFLE/BOCCONCINI

SALADE DE TOMATES, BOCCONCINI, BASILIC THAÏ ET VINAIGRETTE AU CLOU DE GIROFLE

ASTUCE AROMATIQUE

Difficile d'être plus en lien avec la piste aromatique du clou de girofle ! Autant les bocconcini que le basilic thaï partagent la signature aromatique dominante du clou de girofle, qui se nomme eugénol. Asperges vertes cuites, mangue, orge grillée sont aussi des aliments de même nature, pouvant être ajoutés dans cette salade.

INGRÉDIENTS

SALADE

500 g (1 lb) de tomates cerises, tranchées en deux
125 g (4 ½ oz) de perles de bocconcini (ou 1 grosse boule, taillée en petits cubes)
½ bouquet de basilic thaï, ciselé

VINAIGRETTE

22,5 ml (1 ½ c. à soupe) de vinaigre balsamique
Sel de mer
65,4 ml (¼ tasse) d'huile de clou de girofle (voir page 187)

PRÉPARATION

1. **Préparer la salade.** Déposer les tomates, le bocconcini et le basilic dans un saladier.

2. **Préparer la vinaigrette.** Dans un petit bol à mélanger, verser le vinaigre balsamique et le sel. À l'aide d'un fouet, incorporer l'huile de clou de girofle en mince filet pour bien émulsionner la vinaigrette. Rectifier l'assaisonnement. Verser dans la salade, mélanger et servir.

PISTES HARMONIQUES DES LIQUIDES

Le girofle étant l'épice de la barrique, sélectionnez des vins élevés dans le chêne, spécialement les vins rouges d'Espagne, provenant de la Rioja, de Cariñeña, de la Ribera del Duero et du Bierzo.

BALSAMIQUE/RÉGLISSE

SALADE DE TOMATES ET VINAIGRETTE BALSAMIQUE À LA RÉGLISSE FANTAISIE

ASTUCE AROMATIQUE

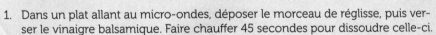

Trop flyée, l'idée de mettre de la réglisse noire avec un vinaigre balsamique sur des tomates fraîches ? Eh bien, ce n'est pas notre désir d'être éclectique, la science est notre patron à la base, et elle nous dicte que le balsamique et la réglisse sont faites pour aller ensemble. Il ne restait plus qu'à le tester sur des tomates. Et ça marche !

INGRÉDIENTS

1 morceau de réglisse noire tendre (australienne traditionnelle Le Choix du Président)

45 ml (3 c. à soupe) de vinaigre balsamique

2,5 g (½ c. à thé) de sel de mer

62,5 ml (¼ tasse) huile d'olive

45 ml (3 c. à soupe) d'eau

6 tomates mûres, en quartiers ou en tranches

PRÉPARATION

1. Dans un plat allant au micro-ondes, déposer le morceau de réglisse, puis verser le vinaigre balsamique. Faire chauffer 45 secondes pour dissoudre celle-ci.

2. Dans un mélangeur, verser la préparation de réglisse, ajouter le sel et mélanger. Pendant que le mélangeur fonctionne, retirer le petit bouchon du couvercle et verser en filet l'huile d'olive jusqu'à ce que la préparation soit entièrement émulsionnée. Ajouter la moitié de l'eau, lentement. Ajouter le reste de l'eau afin d'allonger la vinaigrette.

3. Déposer les tomates dans un bol à salade. Verser la vinaigrette et mélanger délicatement.

PISTES HARMONIQUES DES LIQUIDES

La piste du duo balsamique/réglisse se retrouve dans les bières noires, les sakés, les xérès de type amontillado et dans certains vins blancs âgés aux arômes oxydatifs.

PAMPLEMOUSSE ROSE/POMME/PAPRIKA

VINAIGRETTE AU JUS DE PAMPLEMOUSSE ET À L'HUILE DE PAPRIKA

ASTUCE AROMATIQUE

Aliments riches en caroténoïdes, qui sont des précurseurs de composés volatils parents à chacun de ses ingrédients, lorsque réunis, ça lève ! Vous pouvez aussi remplacer l'huile d'olive par une huile de sésame.

INGRÉDIENTS

¼ de pomme Golden Delicious
65 ml (¼ tasse) de jus de pamplemousse rose, fraîchement pressé
15 g (1 c. à soupe) de gingembre, fraîchement râpé
5 ml (1 c. à thé) de paprika (ou pimentón)
125 ml (½ tasse) d'huile d'olive

PRÉPARATION

1. Dans un mélangeur, déposer la pomme, le jus de pamplemousse, le gingembre et le pimentón. Mélanger jusqu'à ce que la préparation soit lisse et homogène.
2. Pendant que le mélangeur fonctionne, retirer le petit bouchon du couvercle et verser l'huile d'olive en filet jusqu'à ce que la préparation soit entièrement émulsionnée.

PISTES HARMONIQUES DES LIQUIDES

Qu'elle soit utilisée sur une salade ou un poisson, cette vinaigrette aime le vin… Servez-lui soit un vin rosé, soit un xérès fino, soit un fumé blanc, soit un mousseux. Polyvalente, je vous le dis !

VINAIGRETTE AU MISO, À LA SAUCE SOYA, AU GINGEMBRE ET À L'HUILE DE SÉSAME GRILLÉ

ASTUCE AROMATIQUE

Parfait pour accompagner les grillades de viande et de poisson, tout comme pour faire saucette avec notre recette de fondues au fromage bleu (voir page 142), car le miso est dans la même famille aromatique que le fromage bleu.

INGRÉDIENTS

62,5 ml (¼ tasse) de sauce soya
62,5 ml (¼ tasse) de mirin
62,5 ml (½ tasse) de miso*
15 ml (1 c. à soupe) d'huile de sésame grillé
62,5 ml (¼ tasse) de gingembre frais, pelé et haché finement
125 ml (½ tasse) d'huile végétale
125 ml (½ tasse) d'huile d'olive
62,5 ml (¼ tasse) d'eau froide
Sel de mer

PRÉPARATION

1. Dans un mélangeur, verser la sauce soya, le mirin, le miso, l'huile de sésame et le gingembre. Mélanger.

2. Pendant que le mélangeur fonctionne, retirer le petit bouchon du couvercle et verser en filet l'huile végétale, puis l'huile d'olive jusqu'à ce que la préparation soit entièrement émulsionnée. Ajouter l'eau lentement afin d'allonger la vinaigrette.

* Le miso est un condiment japonais traditionnel. C'est une pâte fermentée faite à partir de fèves de soya, de sel, de riz ou d'orge et d'une substance qui lui permet de fermenter. Le miso a une texture qui rappelle celle d'un beurre de noix.

PISTES HARMONIQUES DES LIQUIDES

C'est la piste de la barrique de chêne, donc des vins blancs et rouges ayant séjourné en fûts, tout comme des bières brunes, qui développent un profil proche parent des vins boisés.

VINAIGRETTE DE BETTERAVES ROUGES PARFUMÉE POUR AMATEUR DE VIN ROUGE

ASTUCE AROMATIQUE

La rencontre betterave rouge, cacao et clou de girofle explose littéralement sur les papilles tant la synergie aromatique est expressive entre ces trois aliments aux composés volatils proches parents.

INGRÉDIENTS

1 kg (2 lb) de betteraves rouges

5 ml (1 c. à thé) de vinaigre balsamique

10 ml (2 c. à thé) de sauce soya

4 clous de girofle

5 ml (1 c. à thé) de cacao non sucré

80 ml (1/3 tasse) d'huile de canola

PRÉPARATION

1. Passer les betteraves à l'extracteur de jus.

2. Dans une casserole à fond épais, réduire le jus de betterave jusqu'à l'obtention de 300 ml (2/3 tasse) de jus.

3. Ajouter au mélange le vinaigre balsamique, la sauce soya, les clous de girofle, le cacao et l'huile de canola.

4. À l'aide d'un mélangeur à main, mixer rapidement afin d'émulsionner. Verser dans un pot Masson et réserver au réfrigérateur.

PISTES HARMONIQUES DES LIQUIDES

Cette vinaigrette a été pensée et conçue pour que les vins rouges ne soient pas désarçonnés devant la vinaigrette. Car la piste empruntée ici, avec la betterave, le cacao et le girofle, est celle des vins rouges ayant passé par la barrique de chêne, plus particulièrement les pinots noirs du Nouveau Monde, ainsi que les espagnols à base de garnacha et de tempranillo.

SOUPES ET SANDWICHS

CRÈME DE CAROTTE AU GINGEMBRE

ASTUCE AROMATIQUE

Un petit *twist* de gingembre dans votre classique crème de carotte, et voilà votre potage rénové au goût du jour ! C'est que gingembre et carotte sont des naturels à unir, et leurs pistes aromatiques communes nous le prouvent.

INGRÉDIENTS

750 ml (3 tasses) de bouillon de volaille
1 kg (2 lb) de carottes, en rondelles
100 g (²/₅ tasse) de gingembre frais, haché
Le zeste de ½ citron
125 ml (½ tasse) de crème 35 %
Sel de mer

PRÉPARATION

1. Dans une grande casserole, verser le bouillon de volaille et porter à ébullition. Ajouter ensuite les carottes, le gingembre et le zeste de citron.

2. Dès que les carottes sont tendres, passer au chinois en réservant les carottes et le jus de cuisson séparément.

3. Remettre les carottes dans la casserole avec un peu de jus de cuisson. À l'aide d'un mélangeur à main, réduire les carottes en purée puis mélanger en ajoutant la crème froide*.

4. Au besoin, passer la crème au chinois une deuxième fois pour s'assurer qu'elle soit bien lisse. Rectifier l'assaisonnement.

5. Réfrigérer quelques heures et servir froide.

* Lorsque la crème 35 % sera bien incorporée à la crème de carotte, ajuster la texture en ajoutant un peu de jus de cuisson jusqu'à l'obtention d'une texture lisse et soyeuse.

PISTES HARMONIQUES DES LIQUIDES

Même si on lit encore (malheureusement) que soupe et vin ne font pas bon ménage, la synergie carotte/gingembre nous dicte le contraire. Gewurztraminer ou muscat sec bien sûr, mais aussi jurançon sec ou moelleux, au goût, et xérès manzanilla.

CRÈME DE CAROTTE AUX GRAINES DE CORIANDRE ET À L'ORANGE

ASTUCE AROMATIQUE

Il n'y a pas que le gingembre qui résonne fort avec les carottes (voir l'autre recette de crème de carotte, page 79). Par leur synergie aromatique avec la carotte, le duo graines de coriandre et orange crée un accord symphonique !

INGRÉDIENTS

15 ml (1 c. à soupe) de graines de coriandre
750 ml (3 tasses) de bouillon de volaille
1 kg (2 lb) de carottes, en rondelles
Jus et zeste de 1 orange navel
125 ml (½ tasse) de crème 35 %
Sel de mer

PRÉPARATION

1. Dans une poêle bien chaude, torréfier délicatement les graines de coriandre
2. Dans un mortier, déposer les graines de coriandre torréfiées et réduire en poudre à l'aide d'un pilon.
3. Dans une grande casserole, verser le bouillon de volaille et porter à ébullition. Ajouter ensuite les carottes, le jus et le zeste d'orange.
4. Dès que les carottes sont tendres, passer au chinois en réservant les carottes et le jus de cuisson séparément.
5. Remettre les carottes dans la casserole avec un peu de jus de cuisson. À l'aide d'un mélangeur à main, réduire les carottes en purée puis mélanger en ajoutant la crème froide et les graines de coriandre en poudre*.
6. Au besoin, passer la crème au chinois une deuxième fois pour qu'elle soit bien lisse. Rectifier l'assaisonnement.
7. Réfrigérer quelques heures et servir froide.

* Lorsque la crème 35 % sera bien incorporée à la crème de carotte, ajuster la texture en ajoutant un peu de jus de cuisson, jusqu'à l'obtention d'une texture lisse et soyeuse.

PISTES HARMONIQUES DES LIQUIDES

La piste terpénique coriandre/orange ouvre la porte aux rieslings du monde, tout comme à l'albariño (appellation espagnole Rias Baixa), sans oublier les bières de type india pale ale et les plus que terpéniques thés blancs, comme le très riesling Bai Hao Yin Zhen 2011 Chine.

POTAGE DE COURGE BUTTERNUT AU GINGEMBRE ET CURCUMA

ASTUCE AROMATIQUE

Comme je l'explique dans l'autre version de potage de courge Butternut (voir page 82), le gingembre et le curcuma sont des aliments partageant le même profil aromatique que cette courge d'automne. Lorsqu'on les cuisine ensemble, la synergie aromatique transcende le tout, créant un nouveau gène de saveur !

INGRÉDIENTS

15 ml (1 c. à soupe) d'huile d'olive
15 g (1 c. à soupe) de beurre
1 gros oignon jaune, haché finement
2 gousses d'ail, hachées finement
1 courge Butternut moyenne, pelée, épépinée et taillée en gros dés
5 ml (1 c. à thé) de pimentón
500 ml (2 tasses) de bouillon de volaille clair
250 ml (1 tasse) de crème 35 %
5 ml (1 c. à thé) de gingembre en poudre
5 ml (1 c. à thé) de curcuma
Sel de mer et poivre du moulin

PRÉPARATION

1. Dans une grande casserole, verser l'huile d'olive et ajouter une noix de beurre. Laisser fondre le beurre, puis ajouter l'oignon et l'ail. Tout en remuant, laisser blondir, puis ajouter les dés de courge. Faire revenir en remuant, puis ajouter le pimentón.

2. Verser le bouillon de volaille et la crème, puis ajouter le gingembre et le curcuma. Assaisonner et cuire à feu moyen pendant 15 à 20 minutes, selon la taille des cubes de courge.

3. Lorsque les cubes de courge sont tendres, mixer le potage à l'aide d'un pied-mélangeur jusqu'à l'obtention d'une texture lisse. Rectifier l'assaisonnement.

4. Verser le potage dans des bols et déguster !

PISTES HARMONIQUES DES LIQUIDES

L'alsacien gewurztraminer est de mise, mais c'est aussi l'occasion de découvrir les remarquables xérès de type manzanilla passada !

POTAGE DE COURGE BUTTERNUT AU POIVRE DE GUINÉE

ASTUCE AROMATIQUE

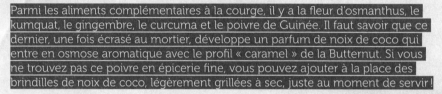

Parmi les aliments complémentaires à la courge, il y a la fleur d'osmanthus, le kumquat, le gingembre, le curcuma et le poivre de Guinée. Il faut savoir que ce dernier, une fois écrasé au mortier, développe un parfum de noix de coco qui entre en osmose aromatique avec le profil « caramel » de la Butternut. Si vous ne trouvez pas ce poivre en épicerie fine, vous pouvez ajouter à la place des brindilles de noix de coco, légèrement grillées à sec, juste au moment de servir !

INGRÉDIENTS

15 ml (1 c. à soupe) d'huile d'olive

15 g (1 c. à soupe) de beurre

1 gros oignon jaune, haché finement

2 gousses d'ail, hachées finement

1 courge Butternut moyenne, pelée, épépinée et taillée en gros dés

5 ml (1 c. à thé) de pimentón

500 ml (2 tasses) de bouillon de volaille clair

250 ml (1 tasse) de crème 35 %

Sel de mer et poivre du moulin

5 ml (1 c. à thé) de grains de poivre de Guinée, concassés finement

PRÉPARATION

1. Dans une grande casserole, verser l'huile d'olive et ajouter le beurre. Ajouter l'oignon et l'ail. Tout en remuant, laisser blondir, puis ajouter les dés de courge. Faire revenir en remuant, puis ajouter le pimentón.

2. Verser le bouillon de volaille et la crème. Assaisonner et cuire à feu moyen pendant 15 à 20 minutes, selon la taille des cubes de courge.

3. Lorsque les cubes de courges sont tendres, mixer le potage à l'aide d'un pied-mélangeur jusqu'à l'obtention d'une texture lisse. Rectifier l'assaisonnement.

4. Verser le potage dans des bols et parsemer de poivre de Guinée. Déguster !

PISTES HARMONIQUES DES LIQUIDES

L'arôme de noix de coco de ce poivre, lié aux arômes de même famille de cette courge, trace la ligne vers un vin élevé en barrique de chêne, qu'il soit blanc, de chardonnay ou de roussanne, ou rouge, de pinot noir ou de mencia (Bierzo).

SANDWICH PITA AU THON

ASTUCE AROMATIQUE

Nous traînons ce sandwich depuis des lustres! Ici, tout converge sur la piste des aliments à goût anisé et au « goût de froid ». N'hésitez pas à changer la coriandre fraîche par de la menthe ou du basilic.

INGRÉDIENTS

1 boîte de thon dans l'huile

15 ml (1 c. à soupe) de mayonnaise

15 ml (1 c. à soupe) de yogourt nature

15 ml (1 c. à thé) de curcuma en poudre

¼ de poivron vert, taillé en fine brunoise

1 branche de céleri, taillée en fine brunoise

2 oignons verts, ciselés finement

½ bouquet de coriandre fraîche, haché finement

Sel de mer

4 pains pitas de grandeur moyenne

Roquette en quantité suffisante

Fromage gruyère en tranches

PRÉPARATION

1. Dans un bol à mélanger, déposer le thon, la mayonnaise, le yogourt, le curcuma, le poivron vert, le céleri, les oignons verts, la coriandre et le sel. Bien mélanger tous les ingrédients et rectifier l'assaisonnement.

2. Décoller les pitas en deux, puis garnir un côté de chacun des pitas avec la salade de thon. Garnir de deux tranches de gruyère et de roquette, puis refermer les sandwichs. Déguster.

PISTES HARMONIQUES DES LIQUIDES

Les vins de ces deux catégories aromatiques sont multiples, à commencer par le sauvignon blanc et le verdejo (appellation Rueda, Espagne), ainsi que par l'encruzado portugais, le grüner veltliner autrichien et le greco di tufo italien. Mais il y a aussi les bières de type india pale ale, ainsi que le thé vert sencha.

SANDWICH AU THON PRISE II

ASTUCE AROMATIQUE

Voici une deuxième version, sur pain baguette cette fois, de notre recette de sandwich pita au thon.

INGRÉDIENTS

1 boîte de thon dans l'huile
15 ml (1 c. à soupe) de mayonnaise
15 ml (1 c. à soupe) de yogourt nature
5 ml (1 c. à thé) de curcuma en poudre
2 oignons verts, ciselés finement
¼ de poivron vert, taillé en fine brunoise
1 branche de céleri, taillé en fine brunoise
½ bouquet de coriandre fraîche, haché finement
Sel de mer
2 baguettes fraîches (ou pain de campagne multigrain ou intégral)
Huile de coriandre (voir recette d'huile d'herbes fraîches à la page 191)
1 avocat mûr, taillé en tranches
Roquette en quantité suffisante
Fromage gruyère en tranches

PRÉPARATION

1. Dans un bol à mélanger, déposer le thon, la mayonnaise, le yogourt, le curcuma, le poivron vert, le céleri, , la coriandre et le sel. Bien mélanger tous les ingrédients et rectifier l'assaisonnement.

2. Réchauffer les baguettes au four quelques minutes. Couper les baguettes en deux, puis les trancher dans le sens de la longueur en prenant soin de garder un côté attaché.

3. Badigeonner la mie des baguettes d'huile de coriandre, puis garnir de salade de thon.

4. Déposer les tranches d'avocat dans les 4 sandwichs. Garnir de tranches de gruyère et de roquette, puis refermer les sandwichs. Déguster.

PISTES HARMONIQUES DES LIQUIDES

Servez les mêmes vins, bières et thé vert que pour la recette de sandwich pita au thon .

SANDWICH VIETNAMIEN BANH-MI
AU PORC EN MODE ANISÉ

ASTUCE AROMATIQUE

Carotte, daïkon, concombre et coriandre fraîche sont les ingrédients aromatiques classiques de ce sandwich vietnamien. Étant tous des aliments de la famille des anisés, amusez-vous comme nous l'avons fait à les interchanger pour créer votre propre version de ce sandwich baguette. Fenouil est notre piste, mais menthe, basilic, cerfeuil, persil, aneth, shiso, citronnelle, endive, céleri, panais, carotte jaune, betterave jaune, céleri rave sont tout aussi possibles!

INGRÉDIENTS

- 1 bouquet de coriandre fraîche
- 2 baguettes fraîches
- 1 gousse d'ail, écrasée
- 125 ml (½ tasse) de mayonnaise maison
- Poivre du moulin
- Porc mariné (voir page 139), en fines tranches
- Fenouil mariné (voir page 33)
- ¼ de concombre anglais, taillé en fines tranches

PRÉPARATION

1. Effeuiller la coriandre, rincer les feuilles à l'eau, puis les assécher dans un papier absorbant. Réserver.

2. Réchauffer les baguettes au four quelques minutes. Couper les baguettes en deux, puis les trancher dans le sens de la longueur en prenant soin de garder un côté attaché.

3. Mettre dans un petit bol l'ail et la mayonnaise. Poivrer. Mélanger. Réserver.

4. Badigeonner généreusement de mayonnaise aillée l'intérieur des morceaux de baguettes, puis ajouter les tranches de porc, le fenouil mariné, quelques tranches de concombre et les feuilles de coriandre. Refermer les sandwichs et servir aussitôt!

PISTES HARMONIQUES DES LIQUIDES

Les vins au profil anisé, comme les aliments de ce sandwich, sont multiples, à commencer par le sauvignon blanc tous azimuts, et le verdejo (appellation Rueda, Espagne), ainsi que le chenin blanc de la Loire, l'encruzado portugais, le grüner veltliner autrichien et le greco di tufo italien. Mais il y a aussi les bières de type india pale ale, ainsi que le thé vert sencha.

SANDWICH VIETNAMIEN BANH-MI AU PORC POUR SYRAH

ASTUCE AROMATIQUE

Nous nous sommes amusés ici à transformer ce sandwich vietnamien pour en faire une deuxième version, mais cette fois-ci pour vin rouge de syrah/shiraz. Le persil et la menthe résonnent fort avec le trio olives noires/poivre/betteraves, lequel éclate dans la rencontre avec la syrah.

INGRÉDIENTS

125 ml (½ tasse) de feuilles de persil italien (plat), hachées

125 ml (½ tasse) de feuilles de menthe fraîche, hachées

125 ml (½ tasse) de mayonnaise maison

1 gousse d'ail, écrasée

45 ml (3 c. à soupe) de pommade d'olives noires à l'eau de poivre (voir page 42)

Poivre du moulin

2 baguettes fraîches

Porc mariné (voir la recette à la page 139), en fines tranches

Betteraves rouges marinées à la crème de cassis et vinaigre de vin rouge (voir page 26)

PRÉPARATION

1. Déposer les herbes fraîches dans un bol à mélanger. Verser la mayonnaise et l'ail écrasé et mélanger. Ajouter la tapenade d'olives noires, poivrer et mélanger à nouveau. Réserver.

2. Réchauffer les baguettes au four quelques minutes. Couper les baguettes en deux, puis les trancher dans le sens de la longueur en prenant soin de garder un côté attaché.

3. Badigeonner généreusement de mayonnaise aromatisée l'intérieur des morceaux de baguettes, puis ajouter les tranches de porc et les betteraves marinées. Refermer les sandwichs et servir aussitôt !

ASTUCE AROMATIQUE

Vous pourriez aussi parsemer l'intérieur du sandwich de flocons d'algues nori.

PISTES HARMONIQUES DES LIQUIDES

C'est le temps de sortir vos rouges favoris à base de syrah/shiraz.

PÂTES AUX ANCHOIS ET AU PESTO DE TOMATES SÉCHÉES

ASTUCE AROMATIQUE

Et pourquoi ne pas transformer à nouveau la classique recette de pâtes au pesto de tomates séchées (voir page 90), comme nous l'avons fait ici, en y ajoutant des anchois, et en y ajoutant à votre tour des petits pois verts et/ou des champignons shiitakes ? Tous, des tomates séchées aux shiitakes, sont riches en saveur umami.

INGRÉDIENTS

40 g (⅙ tasse) de filets d'anchois dans l'huile
Huile d'olive
1 petit oignon jaune, haché finement
2 gousses d'ail, hachées finement
454 g (1 lb) de farfalle*
62,5 ml (¼ tasse) de pesto de tomates séchées

PRÉPARATION

1. Dessaler les anchois en les rinçant sous l'eau pour retirer l'huile de surface. Déposer les filets dans un bol d'eau froide et laisser tremper pendant 1 à 2 heures, en changeant l'eau trois ou quatre fois. Hacher les anchois et réserver.

2. Dans une poêle, verser un trait d'huile d'olive et faire revenir l'oignon, puis ajouter l'ail. Faire revenir quelques instants.

3. Retirer la poêle du feu et ajouter les anchois. Il est important de ne pas ajouter les anchois sur le feu, car ils risquent de sécher.

4. Cuire les pâtes à l'eau salée bouillante en suivant le mode de cuisson qui se trouve sur l'emballage. Lorsqu'elles sont cuites, les égoutter sans les refroidir.

5. Verser les pâtes dans la poêle contenant le mélange d'anchois, puis ajouter le pesto de tomates séchées.

6. Finir avec un trait d'huile d'olive et servir.

* Les farfalle sont des pâtes en forme de petit nœud papillon.

PISTES HARMONIQUES DES LIQUIDES

Soit un blanc élevé longuement en barriques et sur lies – par la présence d'acides aminés dans les lies, elles engendrent des saveurs umami -, soit un vin rouge boisé, aux tanins chauds, et riche en alcool, comme certains zinfandels californiens et assemblages GSM australiens. Ce plat permet vraiment d'enlever toute idée de subjectivité en matière d'harmonies vins et mets !

PÂTES AUX TOMATES SÉCHÉES « UMAMI »

ASTUCE AROMATIQUE

Les pénétrantes tomates séchées nous ont mis sur la piste des aliments riches en umami (qui est la cinquième saveur), tout comme elles. La liste des ingrédients de ce type est vaste, donc les possibilités en cuisine le sont aussi. L'effet de synergie entre les composés qui créent cette saveur est d'une puissance inouïe. Le gène de saveur qui en résulte, lorsque l'on croise plus de deux ingrédients umami, est plus grand que la somme de ses parties.

INGRÉDIENTS

187,5 ml (¾ tasse) de petits pois frais ou surgelés
40 g (⅙ tasse) de filets d'anchois dans l'huile
Huile d'olive
1 petit oignon jaune, haché finement
2 barquettes (16 oz) de champignons shiitakes, tranchés
2 gousses d'ail
454 g (1 lb) de farfalle*
62,5 ml (¼ tasse) de tomates séchées, hachées

PRÉPARATION

1. Dans une casserole, porter à ébullition de l'eau amplement salée. Blanchir les petits pois quelques secondes et les plonger dans un bain de glace pour qu'ils conservent leur croquant. Égoutter, puis réserver.

2. Dessaler les anchois en les rinçant sous l'eau pour retirer l'huile de surface. Déposer les filets dans un bol d'eau froide et laisser tremper pendant 1 à 2 heures, en changeant l'eau trois ou quatre fois. Hacher les anchois et réserver.

3. Dans une grande poêle, verser un peu d'huile, puis faire revenir l'oignon. Ajouter les champignons et les faire colorer. Ajouter ensuite l'ail et laisser cuire ensemble.

4. Retirer la poêle du feu, puis ajouter les anchois. Il est important de ne pas ajouter les anchois sur le feu, car ils risquent de sécher.

5. Cuire les pâtes à l'eau salée bouillante en suivant le mode de cuisson qui se trouve sur l'emballage. Lorsqu'elles sont cuites, les égoutter sans les refroidir.

6. Verser les pâtes dans la poêle contenant le mélange d'anchois, puis ajouter les tomates séchées.

7. Finir avec un trait d'huile d'olive et servir.

* Les farfalle sont des pâtes en forme de nœud papillon.

PISTES HARMONIQUES DES LIQUIDES

Qui dit plats umami dit vin tout aussi umami! Lesquels? Généralement, les vins de régions chaudes, élevés en barriques, plus particulièrement sur lies (elles sont riches en acides aminés, donc en saveurs umami). Mais encore? Pinot noir et fumé blanc californiens ou GSM australiens, pour ne nommer que ceux-là.

PÂTES AUX OLIVES NOIRES/GENIÈVRE/THYM/SHIITAKE

ASTUCE AROMATIQUE

Comme les aliments complémentaires à l'olive noire –, pouvant créer une synergie aromatique avec ces dernières –, sont les agrumes, les aliments umami, le cacao, les champignons, les baies de genièvre, la mûre, la rose et le thym, nous avons pigé dans cette liste pour venir complexifier ma simplissime et ô ! combien aromatique recette de pâtes aux olives noires, pensée pour les vins de syrah/shiraz, et publiée en 2005 dans le livre *À Table avec François Chartier*.

INGRÉDIENTS

30 ml (2 c. à soupe) d'huile d'olive

1 oignon espagnol, haché finement

227 g (8 oz) de shiitakes, tranchés

220 g (1 ½ tasse) d'olives noires marocaines séchées au soleil, dénoyautées et hachées grossièrement

1 branche de thym frais, effeuillée

10 ml (1 c. à soupe) de baies de genièvre concassées

1 sac (16 oz) de pâtes (idéalement des gemelli*, ce sont les meilleures pour ce plat)

Poivre noir fraîchement moulu

PRÉPARATION

1. Dans une grande poêle, faire chauffer l'huile d'olive. Déposer l'oignon et faire saisir. Ajouter ensuite les shiitakes. Faire dorer. Ajouter les olives noires, le genièvre et le thym, puis faire revenir quelques minutes. Retirer du feu, couvrir et laisser confire le tout.

2. Dans une grande casserole, faire bouillir de l'eau amplement salée. Déposer les pâtes et cuire jusqu'à ce qu'elles soient *al dente*, et même très fermes sous la dent.

3. Égoutter les pâtes et les déposer immédiatement dans la poêle contenant la préparation d'olives. Bien mélanger le tout.

4. S'il y a lieu, rectifier la quantité d'huile d'olive (au goût) et ajouter une bonne rasade de poivre noir fraîchement moulu. ** Servir immédiatement.

* Les gemelli sont formés de deux ficelles de pâte torsadées qui rappellent la forme en spirale des fusilli. La forme de ces pâtes leur permet de bien absorber les saveurs de la sauce.

** Il est très important de ne pas saler la préparation, car les olives sont généralement déjà salées.

ASTUCE AROMATIQUE

Soyez généreux en poivre, surtout si vous servez un vin de syrah.

PISTES HARMONIQUES LIQUIDES

Vous constaterez que l'union avec la syrah est tout simplement magique! Ce plat de pâtes de tous les jours surprend avec plusieurs types de vins. Les vins toscans de sangiovese, tout comme ceux de primitivo des Pouilles, ainsi que les crus èspagnols de monastrell, de la région de Jumilla, se trouvent aussi en bonne compagnie avec les éléments de cette recette.

BASILIC/PIMENTÓN

PESTO DE TOMATES SÉCHÉES

ASTUCE AROMATIQUE

Une pointe de basilic et une autre de pimentón (ou de paprika), et hop! Ce pesto de tomates séchées s'exprime haut et fort! Parfait pour une recette de pâtes, tout comme pour les transformations que nous en avons faites avec des anchois ou des petits pois (voir recettes Pâtes aux anchois et pesto de tomates séchées, page 87, et Pâtes aux tomates séchées « umami », page 88).

INGRÉDIENTS

220 g (½ lb) de tomates séchées dans l'huile
2 gousses d'ail
50 g (1/5 tasse) de parmesan
1 branche de basilic frais
1 pincée de pimentón
150 ml (2/3 tasse) d'huile d'olive
Sel de mer

PRÉPARATION

1. Dans un mélangeur, déposer tous les ingrédients.
2. Mélanger jusqu'à l'obtention d'un mélange homogène.
3. Verser dans un pot Masson et réserver.

PISTES HARMONIQUES DES LIQUIDES

Une pointe de syrah, une touche de vin rosé soutenu, et hop! L'accord résonnera grâce à la piste ajoutée avec le basilic et le pimentón.

BURGERS DE SAUMON

ASTUCE AROMATIQUE

Pour complexifier vos classiques burgers de saumon, nous proposons la piste du sotolon – l'un des chapitres du tome I de *Papilles et Molécules* –, qui est le composé aromatique dominant au balsamique, curry, sel de céleri, sauce soya et sirop d'érable utilisés dans le mélange du saumon, tout comme de la mayonnaise.

INGRÉDIENTS

750 g (1 ½ lb) de saumon frais sans arêtes ni peau
15 ml (1 c. à soupe) d'huile
15 g (1 c. à soupe) de beurre
1 oignon moyen, haché finement
7,5 ml (1 ½ c. à thé) de cinq-épices
5 ml (1 c. à thé) de sel de céleri
15 ml (1 c. à soupe) de sauce soya
15 ml (1 c. à soupe) de vinaigre balsamique
1 jaune d'œuf

MAYONNAISE

45 ml (3 c. à soupe) de mayonnaise
15 ml (1 c. à soupe) de sirop d'érable
5 ml (1 c. à thé) de poudre de curry jaune

MAYONNAISE BIS « SANS CURRY »

45 ml (3 c. à soupe) de mayonnaise
15 ml (1 c. à soupe) de sirop d'érable
1,25 ml (¼ c. à thé) de clou de girofle en poudre

PRÉPARATION

1. Séparer la pièce de saumon frais en deux.
2. À l'aide d'un couteau bien aiguisé, tailler finement la première pièce de saumon puis réserver au réfrigérateur.
3. Dans le bol d'un robot culinaire, déposer la seconde pièce de saumon. Pulser jusqu'à l'obtention d'une texture fine. Celle-ci servira de liant.
4. Dans une poêle, chauffer l'huile et le beurre puis y déposer l'oignon. Faire colorer et assaisonner avec le cinq-épices et le sel de céleri. Déglacer ensuite avec la sauce soya et le vinaigre balsamique. Ne pas faire réduire le liquide. Retirer du feu et laisser refroidir.
5. Dans un bol à mélanger, déposer les deux préparations de saumon ainsi que la préparation d'oignon refroidie. Mélanger.
6. Ajouter le jaune d'œuf à la préparation et bien mélanger avec les mains pour obtenir une texture homogène. Séparer la préparation en 4 parties égales et former les galettes. Réserver au réfrigérateur.

POISSONS, CRUSTACÉS ET FRUITS DE MER

7. Préchauffer le BBQ.

8. Déposer les galettes sur la grille du BBQ et cuire jusqu'à la cuisson désirée. Faire griller les pains de votre choix.

9. **Préparer la mayonnaise choisie.** Dans un bol à mélanger, déposer la mayonnaise, le sirop d'érable et la poudre de curry ou le clou de girofle en poudre, selon la version choisie. Bien mélanger puis réserver au réfrigérateur.

10. Badigeonner les pains grillés avec la mayonnaise choisie, déposer la viande et servir immédiatement.

PISTES HARMONIQUES DES LIQUIDES

Suivant la piste aromatique donnée à ce classique « trafiqué », sortez vos vins blancs matures, idéalement un brin oxydatifs, tout comme votre bière brune ou noire préférée. Et pourquoi pas un porto rosé en long drink, allongé de soda et servi avec des glaçons d'eau de melon d'eau.

LAIT DE COCO/NOIX/GINGEMBRE

BROCHETTES DE PÉTONCLES GRILLÉS ET COUSCOUS DE NOIX DU BRÉSIL

ASTUCE AROMATIQUE

Les pétoncles fortement grillés, les noix du Brésil, la noix de coco et le gingembre sont des aliments complémentaires aux vins ayant séjourné en fûts de chêne. En plus, l'idée du couscous de noix du Brésil se réalise en un tour de main, à cru, et magnifie la saveur de cette noix qui, pourtant, lorsque croquée à même la noix, n'a pas beaucoup de saveurs...

INGRÉDIENTS

12 pétoncles U10
Zeste de 1 orange sanguine (si possible)
30 ml (2 c. à soupe) d'huile d'olive
1 boîte de lait de coco
4 ml (1 c. à thé) de gingembre frais, râpé*
Jus d'une ½ lime
Sel et poivre blanc
50 g (1 tasse) de noix du Brésil, en semoule fine

PRÉPARATION

1. Faire tremper les brochettes en bambou dans de l'eau froide, afin qu'elles ne brûlent pas lors de la cuisson.

2. Retirer le muscle sur le côté de chaque pétoncle et en insérer 3 sur chaque brochette. Les placer sur un papier absorbant et mettre au réfrigérateur.

3. Mettre le zeste de l'orange dans l'huile d'olive.

4. Déposer le lait de coco dans une petite casserole. Ajouter le gingembre, le jus de lime, du sel et du poivre moulu.

5. Placer la semoule de noix du Brésil dans un saladier. Ajouter la moitié du mélange zeste/huile d'olive. Saler avec parcimonie.

6. Préchauffer les deux brûleurs latéraux de votre BBQ. À l'aide d'un papier absorbant imbibé d'huile, graisser les grilles qui auront été brossées au préalable.

7. Placer votre casserole de lait de coco au gingembre à chauffer sur un côté du BBQ. Sur l'autre, déposer les brochettes de pétoncles qui auront été salées et huilées. Cuire quelques minutes de chaque côté.

8. Poser la brochette sur une assiette de service, à côté d'une cuillère de cous-cous de noix du Brésil.

9. Émulsionner la sauce à l'aide d'un batteur à main. Récupérer la mousse qui se formera à la surface et la déposer sur les pétoncles. Finir avec un filet d'huile de zeste d'orange. Bon BBQ !

* Cette opération sera plus facile si le gingembre est préalablement congelé.

PISTES HARMONIQUES DES LIQUIDES

Du « sur mesure » pour les amateurs de vins rouges amples, texturés et boisés, mais qui, en saison estivale, pourront accompagner ce plat avec un vin... blanc pour amateur de rouge ! Roussanne/grenache blanc/marsanne/chardonnay Nouveau Monde/sémillon blanc australien.

SAFRAN/PAPRIKA/PAMPLEMOUSSE ROSE

CREVETTES POCHÉES AU PAPRIKA   ET PAMPLEMOUSSE ROSE

ASTUCE AROMATIQUE

Comme la piste aromatique des crevettes nous conduit vers le paprika, le pamplemousse rose, le safran et les piments forts, nous avons rassemblé le tout en ce plat aux couleurs ensoleillées !

INGRÉDIENTS

BOUILLON

6 litres (24 tasses) d'eau froide
22,5 ml (1 ½ c. à soupe) de paprika
1 branche de céleri
L'écorce de 1 pamplemousse rose (la membrane blanche retirée)
Sel de céleri

MAYONNAISE AU SAFRAN ET À LA SAUCE SRIRACHA

1 pincée de pistils de safran
22,5 ml (1 ½ à soupe) de vin blanc
250 ml (1 tasse) de mayonnaise
10 ml (2 c. à thé) de sauce sriracha*
1 kg (2 lb) de crevette 41/50, décortiquées et déveinées

PRÉPARATION.

1. **Préparer le bouillon.** Dans une grande casserole, verser l'eau froide puis ajouter le paprika, la branche de céleri, et les morceaux d'écorce de pamplemousse. Assaisonner avec le sel de céleri. Couvrir et porter le bouillon à ébullition.

2. **Préparer la mayonnaise.** Déposer les pistils de safran dans un bol à mélanger puis verser le vin blanc. Laisser infuser** 15 minutes. Réserver.

3. Ajouter la mayonnaise et la sauce sriracha au safran infusé et mélanger pour obtenir une sauce bien lisse. Couvrir d'une pellicule plastique et réserver au réfrigérateur.

4. Dès que le bouillon atteint l'ébullition, y déposer les crevettes et remuer pour éviter qu'elles ne collent ensemble et qu'elles cuisent uniformément. Faire cuire quelques minutes. Dès que les crevettes deviennent rosées, elles sont cuites. Pour éviter que les crevettes soient trop cuites, surveiller le bouillon pour qu'il ne reprenne pas l'ébullition.

5. À l'aide d'une cuillère trouée ou d'une araignée, retirer les crevettes du bouillon et laisser tiédir quelques instants.

6. Servir les crevettes accompagnées de la sauce mayonnaise au safran et au sriracha.

* La sauce sriracha, condiment indispensable dans la cuisine thaï, est une sauce chili très forte.

** Pour que le safran puisse relâcher tous ses arômes, il doit être infusé 15 minutes dans de l'alcool ou un corps gras tiède, telle l'huile d'olive.

PISTES HARMONIQUES DES LIQUIDES

Vin rosé, fumé blanc, champagne, xérès manzanilla et bière pale ale sont tous aussi sur la même piste ensoleillée que la crevette et que les ingrédients utilisés dans cette recette.

CREVETTE/CAROTTE

CREVETTES RÔTIES ET CAROTTES GLACÉES À L'HUILE DE CRUSTACÉS

ASTUCE AROMATIQUE

Nous nous sommes inspirés de notre huile de crustacés au piment, qui accompagne la recette de homard frit au pimentón doux fumé, dans le livre

Les recettes de Papilles et Molécules. Il aurait été dommage de ne pas sortir cette huile de son contexte originel afin de l'ajuster à d'autres recettes où les crustacés sont à l'honneur, comme ici avec les crevettes.

INGRÉDIENTS

1 kg (2 lb) de crevettes 41/50
125 ml (½ tasse) de bouillon de volaille
62,5 ml (¼ tasse) d'huile de crustacés
30 g (2 c. à soupe) de sucre
15 ml (1 c. à soupe) de jus de citron
2 g (½ c. à thé) de sel de mer
12 carottes moyennes, en rondelles de ½ cm (¼ po)
15 ml (1 c. à soupe) huile d'olive

PRÉPARATION

1. Décortiquer les crevettes puis les déposer dans un bol. Recouvrir d'une pellicule plastique et réserver au réfrigérateur. Prendre soin de conserver les carcasses de crevettes pour réaliser l'huile de crustacés (voir page 189).

2. Dans une grande casserole, verser le bouillon de volaille, l'huile de crustacés, le sucre, le jus de citron et le sel de mer. Porter à ébullition et y déposer les carottes. Réduire à feu moyen. Couvrir et cuire pendant 5 à 6 minutes.

3. Retirer ensuite le couvercle de la casserole et augmenter le feu. Laisser bouillir jusqu'à ce que les carottes soient tendres et glacées. Remuer souvent les carottes pour qu'elles ne brûlent pas.

4. Dans une poêle antiadhésive, faire chauffer l'huile d'olive. Colorer les crevettes rapidement sur chaque côté, sans les cuire entièrement. Tailler les crevettes en gros tronçons, les déposer dans la casserole contenant les carottes. Cuire quelques minutes pour que tous les goûts s'amalgament, puis déguster!

PISTES HARMONIQUES DES LIQUIDES

Crevettes et huile de crustacés sont le royaume des vins rosés, tout comme des vins de fumé blanc, sans oublier les champagnes.

LAIT DE COCO/ANANAS

CURRY DE CREVETTES

ASTUCE AROMATIQUE

Le curry de ce classique indien, entré dans notre quotidien depuis belle lurette, est en lien aromatique on ne peut plus étroit avec l'ananas et le lait de coco que nous avons utilisés pour compléter le gène de saveur. Amusez-vous à le complexifier un peu plus en l'accompagnant d'une poêlée de champignons ou d'asperges, ou les deux!

INGRÉDIENTS

15 ml (1 c. à soupe) d'huile d'olive

1 oignon jaune, haché finement

2 gousses d'ail, hachées finement

1 branche de céleri, en dés

15 ml (1 c. à soupe) de pâte de curry jaune doux

Sel de mer

1 boîte (398 ml – 1 5/8 tasse) de lait de coco

1 kg (2 lb) de crevettes 26/30, décortiquées et déveinées

250 ml (1 tasse) de cubes d'ananas frais

Bâton de citronnelle

PRÉPARATION

1. Dans une grande casserole, faire chauffer l'huile d'olive. Ajouter l'oignon, l'ail et le céleri et faire suer.

2. Ajouter la pâte de curry et le sel de mer. Mélanger et cuire pendant 2 minutes.

3. Verser le lait de coco et porter à ébullition. Mélanger et cuire pendant 2 minutes.

4. Ajouter les crevettes et les cubes d'ananas dans le liquide bouillant 5 minutes avant de passer à table.

5. Au tout dernier moment, hacher la citronnelle très finement et l'ajouter au curry de crevettes. Bien mélanger et servir immédiatement.

PISTES HARMONIQUES DES LIQUIDES

Qui dit curry et lait de coco dit vins élevés en barriques. En priorité, les crus du Midi à base de roussanne/marsanne/grenache blanc, tout comme les chardonnays du Nouveau Monde

---

PORTO/AMANDE

FRICASSÉE DE CREVETTES AU PORTO

ASTUCE AROMATIQUE

Inspirés du homard au banyuls, nous avons adapté cette recette catalane avec les crevettes plus accessibles et le porto ruby, puis nous y avons ajouté des amandes torréfiées, sur la même piste aromatique. Il est aussi possible d'ajouter des noisettes grillées, de la noix de coco grillée, des piments fumés (chipotle) ou de la réglisse.

INGRÉDIENTS

22,5 g (1 ½ c. à soupe) d'amandes en poudre

30 ml (2 c. à soupe) d'huile d'olive

30 g (2 c. à soupe) de beurre

1 kg (2 lb) de crevettes 10/15

1 gros oignon jaune, haché

2 carottes, en dés

1 branche de céleri, en dés

2 gousses d'ail, finement hachées

3 clous de girofle, concassés

125 g (4 oz) de lardons fumés, en dés

75 ml (⅓ tasse) de vieux rhum

15 g (1 c. à soupe) de concentré de tomates

5 g (1 c. à thé) de farine

½ bouteille (325 ml) de porto ruby

½ litre (2 tasses) de bouillon de volaille sans sel

125 ml (½ tasse) de crème 35 %

PRÉPARATION

1. Dans une poêle, torréfier les amandes en poudre à feu moyen pour leur donner une légère coloration. Réserver.

2. Dans une grande poêle, faire chauffer 15 ml (1 c. à soupe) d'huile d'olive et de beurre et faire colorer les crevettes (non décortiquées). Réserver.

3. Dans la même poêle, ajouter les restants d'olive et de beurre, puis déposer l'oignon, les carottes, le céleri, l'ail, les clous de girofle et les lardons fumés. Faire colorer en remuant. Déglacer avec le rhum.

4. Introduire ensuite le concentré de tomates et la farine. Mélanger. Cuire quelques minutes. Mouiller ensuite avec le porto.

5. Laisser le porto réduire de moitié. Verser le bouillon de volaille et ajouter les amandes en poudre et la crème. Cuire la sauce pendant 30 minutes à feu moyen.

6. Lorsque la sauce est onctueuse, passer au chinois étamine. Remettre sur le feu.

7. Ajouter les crevettes dans la sauce bouillante 5 minutes avant de passer à table.

8. Rectifier l'assaisonnement et servir immédiatement.

PISTES HARMONIQUES DES LIQUIDES

Du porto LBV! Mais si vous préférez un rouge sec, optez pour un généreux et boisé garnacha d'Espagne, de Cariñena, de Monsant ou du Priorat, tout comme un assemblage grenache/mourvèdre/syrah du Languedoc, du Rhône ou d'Australie.

CORIANDRE FRAÎCHE/ENDIVE

 # HUÎTRES GRATINÉES ET FONDUE D'ENDIVES

ASTUCE AROMATIQUE

Sur le principe des huîtres à la fondue de poireaux, nous avons ici utilisé l'endive, question de rester inspirés par la piste aromatique de l'huître, qui partage un profil volatil avec l'endive, tout comme avec la coriandre fraîche.

INGRÉDIENTS

Le jus de ½ citron vert

15 g (1 c. à soupe) de beurre

4 endives bien blanches et fermes, émincées

Sel

24 huîtres bien creuses

Gros sel en quantité suffisante

62,5 ml (¼ tasse) de vin blanc

POUR LE SABAYON

62,5 ml (¼ tasse) de jus de cuisson

4 jaunes d'œufs

15 ml (1 c. à soupe) de coriandre fraîche, hachée finement

PRÉPARATION

1. Dans une sauteuse munie d'un couvercle, verser le jus de citron vert et ajouter le beurre. Ajouter les endives et couvrir. Laisser étuver sans aucune coloration. Assaisonner parcimonieusement de sel car les huîtres sont naturellement très salées. Réserver.

2. Brosser et ouvrir les huîtres en récupérant la chair et le jus dans un bol à mélanger. Récupérer les coquilles creuses qui serviront de récipients de service.

3. Pour bien nettoyer les coquilles vides, les déposer dans une grande casserole et les couvrir d'eau fraîche et de 5 ml (1 c. à thé) de vinaigre d'alcool. Porter à ébullition et laisser bouillir pendant quelques minutes. Retirer les coquilles et, au besoin, gratter à l'aide d'une cuillère pour retirer tous les débris. Réserver.

4. Dans une grande plaque à biscuits, verser du gros sel et y déposer les coquilles propres.

5. Retirer les huîtres de leur jus et les déposer, une à une, dans une poêle. Filtrer le jus des huîtres dans une fine passoire et le verser sur les huîtres. Ajouter le vin blanc et faire chauffer. Il est important de rester aux aguets et de retirer la poêle du feu dès que le liquide est juste chaud et que votre doigt ressent la chaleur, sinon les huîtres deviendront caoutchouteuses. Retirer les huîtres de leur liquide de cuisson et les déposer sur un papier absorbant. Réserver.

6. Filtrer le liquide de cuisson et récupérer 62,5 ml (¼ tasse). Réserver.

7. Placer la grille du four au niveau le plus bas et préchauffer le four à gril.

8. **Préparer le sabayon.** Préparer un bain-marie. Verser le jus de cuisson récupéré et les jaunes d'œufs dans un bol à mélanger, fouetter vigoureusement la préparation au-dessus du bain-marie jusqu'à ce qu'elle soit tiède et épaisse. Rectifier l'assaisonnement, puis ajouter la coriandre hachée.

9. Garnir les coquilles d'endives étuvées suivies d'une huître. Napper chaque huître d'une cuillère de sabayon, puis enfourner. Gratiner les huîtres. ATTENTION, le processus est très rapide !

PISTES HARMONIQUES DES LIQUIDES

Ici, la tonalité coriandre fraîche de l'huître est magnifiée, signant le la harmonique vers un riesling, tout comme un albariño (appellation Rias Baixa, Espagne).

HOMARD RÔTI, CAROTTES GLACÉES À L'HUILE DE CRUSTACÉS

ASTUCE AROMATIQUE

Tout comme pour notre recette de crevettes rôties et carottes glacées à l'huile de crustacés, nous nous sommes inspirés de notre huile de crustacés au piment, qui accompagne la recette de homard frit au pimentón doux fumé dans le livre *Les recettes de Papilles et Molécules.*

INGRÉDIENTS

2 homards de 0,50 à 0,75 kg (1 à 1 ½ lb)
125 ml (½ tasse) de bouillon de volaille
62,5 ml (¼ tasse) d'huile de crustacés
30 g (2 c. à soupe) de sucre
15 ml (1 c. à soupe) de jus de citron
2,5 g (½ c. à thé) de sel de mer
12 carottes moyennes, en rondelles de ½ cm (1/6 po)
15 ml (1 c. à soupe) d'huile d'olive

PRÉPARATION

1. Remplir une grande casserole d'eau très salée. Porter à ébullition, puis y plonger les homards. Cuire 4 minutes. Plonger dans un bol d'eau glacée.

2. Décortiquer les homards en prenant soin de conserver les carcasses pour réaliser l'huile de crustacés (voir page 189).

3. Dans une grande casserole, verser le bouillon de volaille, l'huile de crustacés, le sucre, le jus de citron et le sel de mer. Porter à ébullition, puis y déposer les carottes. Réduire à feu moyen. Couvrir et cuire pendant 5 à 6 minutes.

4. Retirer le couvercle de la casserole et augmenter le feu. Laisser bouillir jusqu'à ce que les carottes soient tendres et glacées. Remuer souvent pour qu'elles ne brûlent pas.

5. Dans une poêle antiadhésive, faire chauffer l'huile d'olive. Colorer la chair de homard rapidement sur chaque côté. Tailler la chair en gros tronçons et les déposer dans la casserole contenant les carottes. Cuire quelques minutes pour que tous les goûts s'amalgament, puis déguster !

PISTES HARMONIQUES DES LIQUIDES

Les mêmes propositions que pour notre recette de crevettes rôties et carottes glacées à l'huile de crustacés, soit les vins rosés, tout comme des vins de fumé blanc et, idéalement les champagnes, de plus noble origine et de structure plus complexe.

MORUE EN PAPILLOTE

ASTUCE AROMATIQUE

Pour s'amuser avec les aliments complémentaires à l'orange, ici nous avons opté pour les graines de coriandre, aussi de même famille volatile que cet agrume. Leur synergie aromatique est captivante !

INGRÉDIENTS

4 pavés de morue bien fraîche
Zeste et jus de 2 oranges non traitées (ou 1 orange et 1 pamplemousse rose)
30 ml (2 c. à soupe) de graines de coriandre
2 branches de céleri, en petits dés
60 ml (4 c. à soupe) d'huile d'olive
Sel de mer
20 ml (4 c. à thé) de Campari (facultatif)

ACCOMPAGNEMENT (FACULTATIF)

1 bulbe de fenouil frais, tranché
Huile d'olive
Jus de ½ orange
Jus de ½ pamplemousse rose
15 ml (1 c. à soupe) de graines de coriandre, écrasées au mortier

PRÉPARATION

1. Préchauffer le four à 180 °C (350 °F).

2. Préparer 4 rectangles de papier aluminium. Déposer un filet de poisson sur chaque feuille.

3. Parsemer du zeste des agrumes fraîchement prélevés.

4. Dans un mortier, déposer les graines de coriandre et les concasser finement à l'aide d'un pilon. Réserver.

5. Diviser le reste des ingrédients restants en quatre et les déposer sur chacun des pavés. Assaisonner avec le sel et refermer hermétiquement.

6. Déposer les papillotes sur une plaque à biscuits, puis enfourner. Cuire 8 à 10 minutes (selon la taille des pavés).

7. **Préparer l'accompagnement.** Faire sauter le fenouil et le céleri dans un filet d'huile d'olive. Déglacer avec les jus d'agrumes et ajouter les graines de coriandre.

 ## PISTES HARMONIQUES DES LIQUIDES

Riesling (Alsace/Australie/État de Washington), albariño (Rias Baixa en Espagne)/ bière de type india pale ale/thé vert Sencha.

BŒUF À LA BIÈRE

 CAFÉ/CINQ-ÉPICES/GIROFLE

 VIANDES

ASTUCE AROMATIQUE

Nous avons remplacé le classique laurier de ce style de recette par le cinq-épices et le café, question de suivre la piste aromatique tracée par le bœuf et la bière brune.

INGRÉDIENTS

30 ml (2 c. à soupe) d'huile végétale

15 ml (1 c. à soupe) de beurre

1 kg (2 lb) de cubes de bœuf

1 gros oignon jaune, haché

750 ml (3 tasses) de bouillon de bœuf

50 g (¼ tasse) de cassonade

1 bouteille (341 ml) de bière brune

3 clous de girofle

2,5 ml (½ c. à thé) de cinq-épices

5 ml (1 c. à thé) de café instantané Nescafé riche

Sel de mer

PRÉPARATION

1. Préchauffer le four à 180 °C (350 °F).

2. Dans une poêle, faire chauffer l'huile et le beurre. Y déposer la moitié des cubes de bœuf en prenant soin de ne pas les entasser. Faire colorer les cubes, puis les transférer dans une grande casserole allant au four et munie d'un couvercle. Répéter l'opération avec les cubes restants.

3. Déposer l'oignon haché dans la poêle et faire revenir en prenant soin de gratter les sucs collés au fond de la poêle. Déposer l'oignon dans le chaudron contenant les cubes de viande.

4. Ajouter le bouillon de bœuf, la cassonade, la bière brune, les clous de girofle, le cinq-épices et le café dans le chaudron et porter à ébullition. Couvrir, puis enfourner. Cuire pendant 4 heures, ou jusqu'à ce que les cubes de bœuf soient bien tendres.

5. Vérifier l'assaisonnement et déguster!

PISTES HARMONIQUES DES LIQUIDES

Bien sûr que le premier choix est une bière brune, plus particulièrement une scotch ale. Mais vous pouvez aussi partir sur la piste des vins rouges ayant séjourné en barriques, plus particulièrement ceux d'Espagne à base de garnacha ou de tempranillo, ainsi que ceux de petite syrah et de zinfandel, provenant de Californie ou du Mexique.

BROCHETTES DE BAMBOU IMBIBÉES « POUR GRILLADES VARIÉES »

ASTUCE AROMATIQUE

Pour éviter que les brochettes en bambou ne brûlent, il est important de toujours les faire tremper dans un liquide avant d'enfiler la viande ou tout autre aliment pour cuire sur le gril de votre BBQ. Donc, pourquoi ne pas profiter de ce moment de trempage pour parfumer les brochettes avec une infusion à base d'arôme complémentaire aux aliments qui y seront piqués ? Comme le thé noir fumé, dans la même piste aromatique que la viande de bœuf et que les vins élevés en barriques, la noix de coco, sur la même piste que la viande de porc, l'anis étoilé, qui a le pouvoir d'assouplir les tanins des vins rouges, le thym pour l'agneau, un jus de pamplemousse rose pour les crevettes ou le saumon…

VOICI UNE SUITE DE PISTES D'INFUSIONS ET DE RECETTES ORIGINALES :

BROCHETTES DE BAMBOU IMBIBÉES À L'ANIS ÉTOILÉ « POUR CUBES DE BŒUF »

INGRÉDIENTS

10 ml (2 c. à thé) d'anis étoilé (badiane)
250 ml (1 tasse) d'eau
12 brochettes de bambou

PRÉPARATION

1. Dans un mortier, déposer les étoiles de badiane et concasser à l'aide d'un pilon. Réserver.
2. Dans une casserole, faire frémir l'eau. Retirer la casserole du feu et ajouter les étoiles de badiane concassées. Laisser infuser 8 minutes. Filtrer en réservant l'infusion.
3. Dans un contenant ou un plat muni d'un couvercle, déposer les brochettes et y verser l'infusion d'anis étoilé. Il est préférable de faire cette opération entre 12 et 24 heures à l'avance pour que les brochettes soient gorgées des arômes de l'infusion.
4. Préchauffer le BBQ.
5. Enfiler les cubes de bœuf préalablement marinés et déposer les brochettes sur le gril du BBQ.

Pistes de marinades pour cubes de bœuf à griller sur brochettes de bambou imbibées

Voici quelques exemples de marinades pour les cubes de bœuf : à la bière noire, au sirop d'érable, au vinaigre balsamique ainsi que de la poudre de champignons shiitakes, du miso ou des clous de girofle, qui sont tous des aliments complémentaires au bœuf – qui partagent donc les mêmes composés aromatiques dominantes. Ou un mélange de bière brune, de sauce soya et de cacao. Enfin, on peut simplement parfumer l'eau (chaude au départ) de trempage avec du gingembre, du wasabi, de la cardamome, du clou de girofle, de l'anis étoilé ou du scotch !

PISTES HARMONIQUES DES LIQUIDES

Anis étoilé = syrah/shiraz.

CARDAMOME/BŒUF/POISSON

BROCHETTES DE BAMBOU IMBIBÉES À LA CARDAMOME « POUR GRILLADES DE BŒUF ET DE POISSON »

INGRÉDIENTS

10 ml (1 c. à soupe) de graines de cardamome verte
250 ml (1 tasse) d'eau
12 brochettes de bambou

PRÉPARATION

1. Dans un mortier, déposer les gousses de cardamome verte et concasser à l'aide d'un pilon. Réserver.

2. Dans une casserole, faire frémir l'eau. Retirer la casserole du feu et ajouter les gousses de cardamome concassées. Laisser infuser 8 minutes. Filtrer le tout en réservant l'infusion.

3. Dans un contenant ou un plat muni d'un couvercle, déposer les brochettes et y verser l'infusion de cardamome. Il est préférable de faire cette opération entre 12 et 24 heures à l'avance pour que les brochettes soient gorgées des arômes de l'infusion.

PISTES HARMONIQUES DES LIQUIDES

La cardamome est sur la piste du riesling, et ce même si vous optez pour le bœuf !

GINGEMBRE/BŒUF/POISSON

BROCHETTES DE BAMBOU IMBIBÉES AU GINGEMBRE « POUR GRILLADES DE BŒUF ET DE POISSON »

INGRÉDIENTS

250 ml (1 tasse) d'eau
100 g (2/5 tasse) de morceaux de racine de gingembre congelés
12 brochettes de bambou

PRÉPARATION

1. Faire bouillir l'eau.
2. Dans le bol d'un mélangeur, déposer les morceaux de gingembre, puis verser l'eau bouillante. Laisser infuser pendant 3 minutes pour ramollir le gingembre. Mixer pour extraire le jus du gingembre.
3. Dans un contenant ou un plat muni d'un couvercle, déposer les brochettes et y verser l'eau de gingembre. Il est préférable de faire cette opération entre 12 et 24 heures à l'avance pour que les brochettes soient gorgées des arômes de l'infusion.

PISTES HARMONIQUES DES LIQUIDES

Le gingembre est sur la piste du gewurztraminer, et ce, même si vous optez pour le bœuf ! Mais si vous tenez à voir la vie en rouge, sachez que le cabernet sauvignon d'Australie, de Californie et du Chili est aussi de mise.

GIROFLE/VIANDE ROUGE

BROCHETTES DE BAMBOU IMBIBÉES AU CLOU DE GIROFLE « POUR GRILLADES DE VIANDE ROUGE »

INGRÉDIENTS

10 clous de girofle
250 ml (1 tasse) d'eau
12 brochettes de bambou

PRÉPARATION

1. Dans un mortier, déposer les clous de girofle et concasser à l'aide d'un pilon. Réserver.
2. Dans une casserole, faire frémir l'eau. Retirer la casserole du feu et ajouter les clous de girofle concassés. Laisser infuser 8 minutes. Filtrer le tout en réservant l'infusion.
3. Dans un contenant ou un plat muni d'un couvercle, déposer les brochettes et y verser l'infusion de clou de girofle. Il est préférable de faire cette opération entre 12 et 24 heures à l'avance pour que les brochettes soient gorgées des arômes de l'infusion.
4. Préchauffer le BBQ.
5. Enfiler les cubes de bœuf préalablement marinés et déposer les brochettes sur le gril du BBQ. Cuire à la cuisson désirée en prenant soin de griller toutes les surfaces de la viande.

PISTES HARMONIQUES DES LIQUIDES

Comme le girofle est l'épice par excellence de la barrique de chêne, la porte est ici grande ouverte pour une multitude de vins boisés.

BROCHETTES DE BAMBOU IMBIBÉES AU SCOTCH « POUR GRILLADES DE PORC »

INGRÉDIENTS

12 brochettes de bambou
250 ml (1 tasse) de scotch

PRÉPARATION

1. Dans un contenant ou un plat muni d'un couvercle, déposer les brochettes et y verser le scotch. Il est préférable de faire cette opération entre 12 et 24 heures à l'avance pour que les brochettes soient gorgées des arômes du scotch.
2. Préchauffer le BBQ.
3. Enfiler les cubes de porc préalablement marinés et déposer les brochettes sur le gril du BBQ. Cuire à la cuisson désirée en prenant soin de griller toutes les surfaces de la viande.

PISTES HARMONIQUES DES LIQUIDES

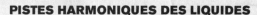

Comme lait de coco et scotch sont de la famille des lactones, optez pour des vins de même profil aromatique, plus particulièrement ceux élevés en barriques de chêne, comme le sont souvent les vins blancs de chardonnay ou de roussanne, tout comme les rouges du Nouveau Monde, à base de pinot noir.

BROCHETTES DE BAMBOU IMBIBÉES DE LAIT DE COCO « POUR GRILLADES DE PORC »

INGRÉDIENTS

10 ml (2 c. à thé) de poivre maniguette (graines du paradis)
1 boîte (398 ml) de lait de coco
12 brochettes de bambou

PRÉPARATION

1. Dans un mortier, déposer le poivre maniguette et concasser à l'aide d'un pilon. Réserver.
2. Dans une casserole, faire frémir le lait de coco. Retirer la casserole du feu et ajouter le poivre maniguette concassé. Laisser infuser 8 minutes. Il est important de ne pas filtrer cette infusion.
3. Dans un contenant ou un plat muni d'un couvercle, déposer les brochettes et y verser l'infusion. Il est préférable de faire cette opération entre 12 et 24 heures à l'avance pour que les brochettes soient gorgées des arômes de l'infusion.

4. Préchauffer le BBQ.

5. Enfiler les cubes de porc préalablement marinés et déposer les brochettes sur le gril du BBQ. Cuire à la cuisson désirée en prenant soin de griller toutes les surfaces de la viande.

TRUC

L'infusion de lait de coco et maniguette (un poivre qui a un parfum de noix de coco lorsque concassé au mortier) peut être utilisée comme marinade pour les cubes de porc en ajoutant un peu de sel au mélange. On peut en badigeonner sur les brochettes de porc lors de la cuisson.

PISTES HARMONIQUES DES LIQUIDES

Suivez les mêmes pistes aromatiques que pour la précédente recette de brochettes de bambou imbibées au scotch « pour grillades de porc ».

CHAMPIGNON/LAIT DE COCO

BROCHETTES DE FILET DE PORC ET CHAMPIGNONS PORTOBELLOS SUR BROCHETTES PARFUMÉES AU LAIT DE COCO

ASTUCE AROMATIQUE

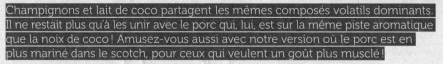
Champignons et lait de coco partagent les mêmes composés volatils dominants. Il ne restait plus qu'à les unir avec le porc qui, lui, est sur la même piste aromatique que la noix de coco ! Amusez-vous aussi avec notre version où le porc est en plus mariné dans le scotch, pour ceux qui veulent un goût plus musclé !

INGRÉDIENTS

Brochettes de bambou imbibées de lait de coco (voir page 105)
2 filets de porc, taillés en cubes
Huile d'olive
Sel de mer et poivre du moulin
3 gros champignons portobellos, en gros cubes

PRÉPARATION

1. Dans un contenant ou un plat muni d'un couvercle, déposer les brochettes et y verser l'infusion de lait de coco. Il est préférable de faire cette opération entre 12 et 24 heures à l'avance pour que les brochettes soient gorgées des arômes de l'infusion.

2. Déposer les cubes de porc dans un grand bol à mélanger en verre, ajouter un peu d'huile d'olive et assaisonner de sel et de poivre. Mélanger avec les mains pour bien enduire chaque cube de porc. Couvrir avec une pellicule plastique et laisser mariner au réfrigérateur.

3. Préchauffer le BBQ.

4. Sur les brochettes imbibées de lait de coco, enfiler les morceaux de porc marinés en les intercalant avec les cubes de champignons. Déposer les brochettes sur le gril du BBQ. Cuire pendant au moins 20 minutes, ou selon la taille des cubes, en prenant soin de griller toutes les surfaces de la viande. Laisser reposer la viande avant de déguster pour qu'elle demeure bien tendre.

PISTES HARMONIQUES DES LIQUIDES

Qui dit noix de coco, champignons et porc, dit vins élevés dans le chêne, plus particulièrement les blancs à base de roussanne, donc du Rhône et du Languedoc, tout comme les rouges de merlot, spécialement ceux du Nouveau Monde.

CHAMPIGNON/LAIT DE COCO/SCOTCH

BROCHETTES DE FILET DE PORC MARINÉ AU SCOTCH ET CHAMPIGNONS PORTOBELLOS SUR BROCHETTES PARFUMÉES AU LAIT DE COCO

ASTUCE AROMATIQUE

Exactement sur la même piste aromatique que notre précédente version sans scotch (voir page 106).

INGRÉDIENTS

Brochettes de bambou imbibées de lait de coco (voir page 105)
2 filets de porc, taillé en cubes
Huile d'olive
75 ml (⅓ tasse) de scotch single malt
Sel de mer et poivre du moulin
3 gros champignons portobellos, en cubes

PRÉPARATION

1. Dans un contenant ou un plat muni d'un couvercle, déposer les brochettes et y verser l'infusion de lait de coco. Il est préférable de faire cette opération entre 12 et 24 heures à l'avance pour que les brochettes soient gorgées des arômes de l'infusion.
2. Déposer les cubes de porc dans un grand bol à mélanger en verre, ajouter un peu d'huile d'olive, le scotch et assaisonner de sel et de poivre. Mélanger avec les mains pour bien enduire chaque cube de porc. Couvrir avec une pellicule plastique et laisser mariner au réfrigérateur pendant.
3. Préchauffer le BBQ.
4. Sur les brochettes imbibées de lait de coco, enfiler les morceaux de porc marinés en les intercalant avec les cubes de champignons. Déposer les brochettes sur le gril du BBQ. Cuire pendant au moins 20 minutes, ou selon la taille des cubes, en prenant soin de griller toutes les surfaces de la viande. Laisser reposer la viande avant de déguster pour qu'elle demeure bien tendre.

PISTES HARMONIQUES DES LIQUIDES

Qui dit noix de coco, champignons et porc, ainsi que scotch, dit aussi vins élevés dans le chêne, mais assez puissants, étant donné la présence aromatique du scotch : blanc de roussanne (Rhône et Languedoc) ou rouges de merlot (Nouveau Monde). Et pourquoi pas une décoiffante harmonie avec un scotch ?

PAMPLEMOUSSE ROSE/SAFRAN/CRUSTACÉ/PIEUVRE

BROCHETTES DE BAMBOU IMBIBÉES AU JUS DE PAMPLEMOUSSE ROSE ET AU SAFRAN « POUR GRILLADES DE CREVETTES, HOMARD OU PIEUVRE »

INGRÉDIENTS

250 ml (1 tasse) d'eau
1 pincée de pistils de safran
12 brochettes de bambou
Jus et zeste de 1 pamplemousse rose

PRÉPARATION

1. Dans une casserole, faire frémir l'eau. Retirer du feu, puis y ajouter les pistils de safran. Laisser infuser 8 minutes. Filtrer le tout en réservant l'infusion.

2. Dans un contenant ou un plat muni d'un couvercle, déposer les brochettes et y verser l'infusion de safran, le jus et le zeste du pamplemousse. Il est préférable de faire cette opération entre 12 et 24 heures à l'avance pour que les brochettes soient gorgées des arômes de l'infusion.

3. Préchauffer le BBQ.

4. Enfiler des crevettes, du homard, de la pieuvre ou des cubes de saumon préalablement marinés et déposer les brochettes sur le gril du BBQ en prenant soin de griller toutes les surfaces des crevettes ou du saumon*.

* Il est important de ne pas trop cuire les poissons et crustacés, car ceux-ci deviendraient trop coriaces et perdraient toutes leurs délicieuses saveurs.

PISTES HARMONIQUES DES LIQUIDES

Le sauvignon blanc et ses cépages complémentaires sont vos armes !

BROCHETTES DE BAMBOU IMBIBÉES AU THYM « POUR GRILLADES D'AGNEAU »

INGRÉDIENTS

250 ml (1 tasse) d'eau
1 bouquet de thym séché
12 brochettes de bambou

PRÉPARATION

1. Dans une casserole, faire frémir l'eau. Retirer la casserole du feu, puis y ajouter le bouquet de thym. Laisser infuser 8 minutes. Filtrer le tout en réservant l'infusion.

2. Dans un contenant ou un plat muni d'un couvercle, déposer les brochettes et y verser l'infusion de thym. Il est préférable de faire cette opération entre 12 et 24 heures à l'avance pour que les brochettes soient gorgées des arômes de l'infusion.

3. Préchauffer le BBQ.

4. Enfiler les cubes d'agneau préalablement marinés avec de l'ail et du citron et déposer les brochettes sur le gril du BBQ. Cuire pendant 15 minutes, ou selon la taille des cubes, en prenant soin de griller toutes les surfaces de la viande.

PISTES HARMONIQUES DES LIQUIDES

Agneau et thym sont sur la même piste aromatique que les vins du Midi, gorgés de parfums de garrigue, comme nombreux crus du Rhône, du Languedoc, de Sicile et du Priorat.

BROCHETTES D'AGNEAU AUX OLIVES NOIRES « SUR BROCHETTES IMBIBÉES D'UNE EAU PARFUMÉE AU THYM »

ASTUCE AROMATIQUE

Comme nous vous l'avons communiqué dans notre ingénieuse recette de brochettes de bambou imbibées au thé noir fumé (voir page 111), pour éviter que les brochettes en bambou ne brûlent, il est important de toujours les faire tremper dans un liquide avant d'enfiler la viande ou tout autre aliment pour cuire sur le gril de votre BBQ. Donc, pourquoi ne pas profiter de cette technique pour parfumer les brochettes avec un arôme complémentaire aux aliments qui y seront piqués? Comme ici, avec une eau parfumée au thym, dans la même piste aromatique que la viande d'agneau, tout comme des aliments complémentaires à cette dernière, dont l'olive noire et le poivre.

INGRÉDIENTS

800 g (environ 1 ½ lb) de gigot désossé, taillé en cubes

Huile d'olive

15 ml (1 c. à soupe) d'assaisonnement de « sable » d'olives noires au poivre (voir page 29)

Brochettes de bambou imbibées au thym (voir page 109)

Poivre du moulin

PRÉPARATION

1. Déposer les cubes d'agneau dans un grand bol à mélanger.

2. Verser un peu d'huile d'olive et l'assaisonnement de « sable » d'olives noires au poivre. Bien mélanger avec les mains pour enrober tous les morceaux de viande. Laisser mariner pendant 1 heure.

3. Préchauffer le BBQ.

4. Piquer les cubes d'agneau marinés sur les brochettes de bambou parfumées au thym. Poivrer.

5. Déposer les brochettes sur le gril du BBQ et cuire pendant environ 15 minutes, ou selon la taille des cubes, en prenant soin de griller toutes les surfaces de la viande.

PISTES HARMONIQUES DES LIQUIDES

Qui dit thym dit vins du Midi, donc du bassin méditerranéen, plus particulièrement les assemblages grenache/syrah/mourvèdre. Comme l'olive noire est aussi au rendez-vous, optez pour les cuvées à forte proportion de syrah.

THYM/AGNEAU/CHAMPIGNON CAFÉ

BROCHETTES D'AGNEAU ET CHAMPIGNONS CAFÉ « SUR BROCHETTES IMBIBÉES À L'EAU PARFUMÉE AU THYM »

ASTUCE AROMATIQUE

Sur le même principe que nos ingénieuses et nombreuses recettes de brochettes de bambou imbibées, nous avons infusé les brochettes de bambou d'eau de thym, puis nous avons ajouté à l'agneau les champignons, qui sont dans la liste des aliments complémentaires au thym, lequel partage le même profil que la viande d'agneau.

INGRÉDIENTS

800 g (environ 1 ½ lb) de gigot d'agneau désossé, taillé en cubes

Huile d'olive

1 gousse d'ail, écrasée

Zeste de 1 orange non traitée

Brochettes imbibées au thym (voir page 109)

1 barquette de champignons café (crimini)
Poivre du moulin

PRÉPARATION

1. Déposer les cubes d'agneau dans un grand bol à mélanger. Réserver.

2. Verser un peu d'huile d'olive, l'ail et le zeste d'orange sur les cubes d'agneau. Bien mélanger avec les mains pour enrober tous les morceaux de viande. Laisser mariner pendant 1 heure.

3. Préchauffer le BBQ.

4. Piquer les cubes d'agneau marinés sur les brochettes de bambou parfumées au thym, en intercalant la viande et les champignons. Poivrer.

5. Déposer les brochettes sur le gril du BBQ et cuire pendant environ 15 minutes, ou selon la taille des cubes, en prenant soin de griller toutes les surfaces de la viande.

PISTES HARMONIQUES DES LIQUIDES

Qui dit thym dit vins du Midi, donc du bassin méditerranéen, plus particulièrement les assemblages grenache/syrah/mourvèdre. Comme le champignon café est aussi au rendez-vous, optez pour les cuvées à forte proportion de grenache, élevées en barriques.

BŒUF/CHÊNE ET BARRIQUE

BROCHETTES DE BAMBOU IMBIBÉES AU THÉ NOIR FUMÉ

INGRÉDIENTS

250 ml (1 tasse) d'eau
10 ml (2 c. à thé) de thé noir fumé Lapsang Souchong
12 brochettes de bambou

PRÉPARATION

1. Dans une casserole, faire frémir l'eau. Retirer du feu puis y ajouter le thé. Laisser infuser 5 minutes. Filtrer.

2. Dans un contenant ou un plat muni d'un couvercle, déposer les brochettes et y verser l'infusion de thé. Il est préférable de faire cette opération entre 12 et 24 heures à l'avance pour que les brochettes soient gorgées des arômes du thé.

3. Enfiler les cubes de bœuf préalablement marinés et cuire sur le gril.

Pistes de marinades pour cubes de bœuf à griller sur brochettes imbibées :
Bière noire, sirop d'érable, vinaigre balsamique, poudre de champignons shiitakes, miso ou clou de girofle, qui sont tous des aliments complémentaires au bœuf – donc qui partagent les mêmes composés aromatiques dominants. Ou encore avec un mélange de bière brune/sauce soja/cacao. Enfin, on peut tout simplement

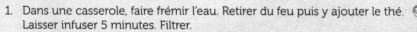

parfumer l'eau (chaude au départ) de trempage avec du gingembre, du wasabi, de la cardamome, du clou de girofle, de l'anis étoilé ou du scotch! L'important est de suivre cette piste aromatique pour choisir les ingrédients par la suite.

PISTES HARMONIQUES DES LIQUIDES

C'est le choix de l'ingrédient de trempage des brochettes qui donnera l'harmonie avec les liquides. Dans ce cas-ci, les vins élevés en barriques, tout comme les thés fumés (Lapsang Souchong) ainsi que cuits (Wulong) sont les pistes à emprunter.

BŒUF/THÉ FUMÉ/ÉPICES/SOYA/BALSAMIQUE

 # BROCHETTES DE BŒUF AU QUATRE-ÉPICES

ASTUCE AROMATIQUE

Sur la piste des aliments complémentaires à la viande de bœuf grillé, la liste est longue et variée pour créer une synergie aromatique unique dans votre assiette! Ici, la rencontre s'opère entre le thé fumé, le quatre-épices, la sauce soya et le balsamique, tous des ingrédients partageant les mêmes composés volatils que le bœuf grillé, donc permettant que la « mayonnaise prenne », si je peux me permettre d'imaginer la chose un brin).

INGRÉDIENTS

15 ml (1 c. à soupe) de sauce soya
75 ml (5 c. à soupe) d'huile d'olive
7,5 ml (½ c. à soupe) de vinaigre balsamique
15 g (1 c. à soupe) de quatre-épices moulu
7,5 g (½ c. à soupe) de cassonade
800 g (environ 1 ½ lb) de cubes de bœuf tendre
Brochettes en bambous imbibées au thé noir fumé (voir page 111)

PRÉPARATION

1. Dans un bol à mélanger, verser la sauce soya, l'huile d'olive, le vinaigre balsamique, le quatre-épices et la cassonade. Bien mélanger et réserver.
2. Dans un bol à mélanger en verre, déposer les cubes de bœuf, puis verser la marinade. Laisser mariner pendant 2 heures.
3. Préchauffer le BBQ.
4. Enfiler les cubes de bœufs marinés sur les brochettes de bambou imbibées et les déposer sur le gril du BBQ. Cuire à la cuisson désirée en prenant soin de griller toutes les surfaces de la viande.

PISTES HARMONIQUES DES LIQUIDES

La complexité et l'omniprésence des saveurs fumées/grillées/épicées, ainsi que de balsamique/soya, requièrent un généreux rouge à base de grenache/syrah/mourvèdre, plus particulièrement un GSM australien.

BROCHETTES DE BŒUF ET POIVRONS VERTS ET ROUGES MARINÉS À L'HUILE DE SÉSAME

ASTUCE AROMATIQUE

Bœuf grillé, poivron, sésame et thé fumé (ayant servi à infuser les brochettes de bambou) sont tous sous la même famille aromatique, d'où leur vibrante synergie aromatique lorsque cuisinés ensemble.

INGRÉDIENTS

1 petit poivron vert, coupé en 8 morceaux

1 petit poivron rouge, coupé en 8 morceaux

10 ml (2 c. à thé) d'huile de sésame grillé

800 g (environ 1 ½ lb) de cubes de bœuf tendre

45 ml (3 c. à soupe) d'huile d'olive

Brochettes de bambou imbibées au thé noir fumé (voir page 111)

Sel de mer

PRÉPARATION

1. Déposer les poivrons dans un bol à mélanger. Verser l'huile de sésame grillé et bien mélanger pour enduire chaque morceau de poivron. Laisser mariner pendant 1 heure.

2. Dans un bol à mélanger en verre, déposer les cubes de bœuf, puis verser l'huile d'olive. Mélanger avec les mains pour bien enduire les cubes de bœuf.

3. Préchauffer le BBQ.

4. Piquer les cubes de bœuf en intercalant la viande et les deux couleurs de poivrons, puis assaisonner. Déposer les brochettes sur le gril du BBQ et cuire à la cuisson désirée en prenant soin de griller toutes les surfaces de la viande.

PISTES HARMONIQUES DES LIQUIDES

La piste du poivron, du sésame et du thé fumé nous dirige directement vers les vins de cabernet sauvignon, de cabernet franc, de merlot, de malbec et/ou de carmenère, ayant été élevés en barriques de chêne.

BROCHETTES DE POULET AU CURRY

ASTUCE AROMATIQUE

Le trio curry, sauce soya et sirop d'érable crée une puissante synergie aromatique, étant tous de la même famille de composés volatils dominants.

INGRÉDIENTS

4 poitrines de poulet sans peau, taillée en cubes
45 ml (3 c. à soupe) d'huile d'olive
30 ml (2 c. à soupe) de sauce soya
15 ml (1 c. à soupe) de sirop d'érable
10 ml (2 c. à thé) de pâte de curry jaune
1 gousse d'ail, hachée finement
Sel de mer

PRÉPARATION

1. Déposer les cubes de poulet dans un grand bol à mélanger en verre. Réserver au réfrigérateur.

2. Dans un petit bol à mélanger, verser l'huile d'olive, la sauce soya, le sirop d'érable, la pâte de curry, l'ail et le sel de mer. Bien mélanger le tout pour obtenir une préparation homogène.

3. Dans un contenant ou un plat muni d'un couvercle, déposer des brochettes de bambou et recouvrir d'eau froide*. Laisser les brochettes s'imbiber d'eau toute la nuit pour qu'elles ne brûlent pas sur le BBQ.

4. Verser la marinade sur les cubes de poulet et bien enduire chaque morceau. Couvrir d'une pellicule plastique et laisser mariner au réfrigérateur pendant toute la nuit.

5. Préchauffer le BBQ.

6. Enfiler les morceaux de poulet marinés sur les brochettes de bambou imbibées et les déposer sur le grill du BBQ. Cuire pendant au moins 20 minutes, ou selon la taille des cubes, en prenant soin de griller toutes les surfaces de la viande.

* L'eau peut-être remplacée par un liquide au choix. Pourquoi pas une infusion de thé noir ou des infusions proposées aux pages 102 à 109 !

PISTES HARMONIQUES DES LIQUIDES

Bière brune à degré d'alcool élevé/sauternes âgé/vieux champagne/chardonnay élevé en barriques et assez âgé/vin jaune du Jura/tempranillo (rioja reserva) élevé en barriques de chêne américain.

BROCHETTES DE POULET AU GINGEMBRE

ASTUCE AROMATIQUE

Multiples sont les aliments partageant des composés aromatiques avec le gingembre, permettant ainsi une grande synergie, lorsque cuisinés ensemble. Curcuma, orange, romarin sont de la partie.

INGRÉDIENTS

4 poitrines de poulet sans la peau, taillées en cubes
45 ml (3 c. à soupe) d'huile d'olive
Jus de 1 orange
30 ml (2 c. à soupe) de gingembre frais, pelé et râpé
1 gousse d'ail, hachée finement
1 branche de romarin, haché finement
5 ml (1 c. à thé) de curcuma en poudre
Sel de mer

PRÉPARATION

1. Déposer les cubes de poulet dans un grand bol à mélanger en verre. Réserver au réfrigérateur.

2. Dans un petit bol à mélanger, mettre l'huile d'olive, le jus d'orange, le gingembre, l'ail, le romarin, le curcuma et le sel de mer. Bien mélanger le tout pour obtenir une préparation homogène.

3. Dans un contenant ou un plat muni d'un couvercle, déposer des brochettes de bambou et recouvrir d'eau froide*. Laisser les brochettes s'imbiber d'eau toute la nuit pour qu'elles ne brûlent pas sur le BBQ.

4. Verser la marinade sur les cubes de poulet et mélanger pour bien enduire chaque morceau. Couvrir d'une pellicule plastique et laisser mariner au réfrigérateur pendant toute la nuit.

5. Préchauffer le BBQ.

6. Enfiler les morceaux de poulet marinés sur les brochettes de bambou imbibées et les déposer sur le gril du BBQ. Cuire pendant au moins 20 minutes, ou selon la taille des cubes, en prenant soin de griller toutes les surfaces de la viande.

* Vous pouvez remplacer l'eau par un liquide de votre choix. Pourquoi pas une infusion de verveine ou une autre de nos infusions que vous trouverez aux pages 102 à 109 !

PISTES HARMONIQUES DES LIQUIDES

Comme nous avons opté pour la piste camphrée et terpénique du gingembre, l'harmonie résonne avec le même type de liquide, dont les vins de muscat, qu'ils soient secs ou doux naturels, ainsi que ceux de gewurztraminer, à nouveau secs ou liquoreux, sans oublier l'accord complexe avec un xérès fino de manzanilla, plus précisément un manzanilla passada.

BURGERS D'AGNEAU

ASTUCE AROMATIQUE

Comme ce burger d'agneau est inspiré de la piste aromatique des xérès, pourquoi ne pas en faire de mini-burgers? Vous pourriez ainsi les servir en tapas accompagnés d'un verre de xérès fino ou amontillado?!

INGRÉDIENTS

5 ml (1 c. à thé) de graines de coriandre
1 kg (2 lb) d'agneau haché
1 botte d'oignons verts, hachés
15 ml (1 c. à soupe) de gingembre frais râpé
30 ml (2 c. à soupe) de sauce soya
7,5 ml (1 ½ c. à thé) de pâte de curry jaune doux
5 ml (1 c. à thé) de cinq-épices
2 échalotes françaises, hachées finement
½ bouquet de coriandre fraîche, haché
1 branche de menthe fraîche, hachée
1 œuf
Sel de mer et poivre noir du moulin

PRÉPARATION

1. Dans une poêle bien chaude, sans corps gras, torréfier les graines de coriandre en les remuant constamment pour qu'elles ne brûlent pas. Dès qu'elles relâchent leur arôme, retirer la poêle du feu.

2. Dans un mortier, déposer les graines de coriandre torréfiées et broyer à l'aide d'un pilon ou utiliser un moulin à épices.

3. Dans un grand bol à mélanger, déposer l'agneau haché, les oignons verts, le gingembre, la sauce soya, la pâte de curry, le cinq-épices, les échalotes françaises, la coriandre, la menthe, les graines de coriandre broyées, l'œuf, le sel et le poivre.

4. Mélanger avec les mains pour bien amalgamer tous les ingrédients.

5. Avec les mains, former des galettes et les réserver au réfrigérateur jusqu'au moment de la cuisson.

RECOMMANDATION

Pour des sandwichs chauds, servez les galettes dans un pain grillé aux figues séchées ou aux dattes. Ajoutez un morceau de fromage de chèvre pour une version crémeuse.

SAUCES D'ACCOMPAGNEMENT

Préparer une sauce tzatziki puis y ajouter quelques dés de pommes.

Préparer une version salée de notre compote de pommes Délicieuse jaunes au safran (voir page 201) en y ajoutant du sel de mer.

PISTES HARMONIQUES DES LIQUIDES

Un xérès fino ou amontillado, tout comme un vin de gewurztraminer. Si vous ajoutez du fromage de chèvre ou une sauce tzatziki, alors optez pour un xérès fino ou un sauvignon blanc du Nouveau Monde. Si vous optez plutôt pour la compote de pommes jaunes au safran, c'est du riesling australien qu'il vous faut ! Et le rouge ? Ben pas cette fois.

CANNELLE/CLOU DE GIROFLE/QUATRE-ÉPICES

CHILI DE CINCINNATI

ASTUCE AROMATIQUE

Du chili con carne au chili de Cincinnati, il n'y a que le clou de girofle qui les sépare ! De ce dernier, nous sommes partis sur sa piste aromatique nous conduisant vers le quatre-épices, la cannelle, tout comme vers l'idée d'y ajouter une gremolata à base de persil et d'orange. Arômes multiculturels vous dites ?

INGRÉDIENTS

CHILI

2 gros oignons jaunes, hachés
2 branches de céleri, en dés
30 ml (2 c. à soupe) d'huile d'olive
800 g (1 ½ lb) de bœuf haché extra-maigre
7,5 g (1 ½ c. à thé) de sel de mer
5 ml (1 c. à thé) de cannelle en poudre
7, 5 ml (1 ½ c. à thé) de clou de girofle en poudre
22,5 ml (1 ½ c. à soupe) de poudre de chili
5 g (1 c. à thé) de quatre-épices
30 g (2 c. à soupe) de concentré de tomates
1 grosse boîte (796 ml, 28 oz) de tomates en dés, égouttées
750 ml (3 tasses) de bouillon de bœuf sans sel
15 ml (1 c. à soupe) de sauce anglaise Worcestershire
1 feuille de laurier
7,5 g (1 ½ c. à thé) de cassonade
1 grosse boîte (540 ml, 19 oz) de haricots rouges, égouttés et rincés

GREMOLATA*

1 bouquet de persil plat (italien), haché grossièrement
Zeste de 1 orange
22,5 ml (1 ½ c. à soupe) d'huile d'olive
Sel de mer et poivre noir du moulin

PRÉPARATION

1. **Préparer le chili.** Préchauffer le four à 150 °C (300 °F).

2. Dans une grande casserole à fond épais, faire revenir les oignons et le céleri dans l'huile d'olive.

3. Ajouter le bœuf haché aux légumes et faire colorer. Ajouter le sel, la cannelle, le clou de girofle, la poudre de chili et le quatre-épices. Remuer et continuer la cuisson quelques minutes.

4. Ajouter le concentré de tomates et faire revenir en remuant. Ajouter les tomates en dés, le bouillon de bœuf, la sauce Worcestershire, la feuille de laurier et la cassonade. Enfourner et faire mijoter pendant 45 minutes.

5. Sortir la casserole, puis ajouter les haricots rouges. Remettre au four pendant 15 minutes, jusqu'à ce que les haricots soient chauds. Rectifier l'assaisonnement.

6. **Préparer la gremolata.** Dans un bol à mélanger, déposer le persil et le zeste d'orange. Bien mélanger le tout en y versant l'huile d'olive. Ajouter du sel et du poivre noir du moulin, au goût.

7. Servir le chili fumant dans des bols, puis parsemer de gremolata juste avant de servir.

* La gremolata est un condiment typiquement italien à base de persil plat, d'ail et de zeste de citron servi avec l'osso buco. Mais comme les variantes sont infinies, nous l'avons adaptée ici pour qu'elle se marie parfaitement à notre chili.

PISTES HARMONIQUES DES LIQUIDES

Vins rouges élevés en barriques : rioja/ribera del duero/bierzo/cariñena/petite sirah.

BIÈRE NOIRE/BOUILLON DE BŒUF/ÉRABLE/VINAIGRE DE MALT

CÔTES LEVÉES À LA BIÈRE NOIRE, BOUILLON DE BŒUF ET SIROP D'ÉRABLE

ASTUCE AROMATIQUE

Pour acidifier cet assemblage autour du grillé des côtes levées, nous avons opté pour le puissant et pénétrant vinaigre de malt, sur la même piste que la bière bien sûr (qui dit malt dit bière !), mais aussi du bouillon de bœuf et de l'érable. Synergie aromatique au possible !

INGRÉDIENTS

CÔTES LEVÉES

1 bouteille (440 ml) de bière noire

125 ml (½ tasse) de sirop d'érable

Gros sel

5 clous de girofle

Eau froide en quantité suffisante

2 sections de côtes de dos de porc

SAUCE BARBECUE BIÈRE NOIRE, BOUILLON DE BŒUF ET SIROP D'ÉRABLE

62,5 ml (¼ tasse) d'huile végétale
2 oignons jaunes moyens, émincés
2 gousses d'ail, haché
187,5 ml (¾ tasse) de sirop d'érable
200 g (4/5 tasse) de pâte de tomate
75 ml (⅓ tasse) de vinaigre de malt (ou de vinaigre de xérès âgé)
125 ml (½ tasse) de bouillon de bœuf
62,5 ml (¼ tasse) de sauce anglaise Worcestershire
125 ml (½ tasse) de bière noire

PRÉPARATION

1. **Préparer les côtes levées.** Dans une grande casserole, verser la bière noire, le sirop d'érable, le gros sel, les clous de girofle et une quantité suffisante d'eau froide pour couvrir la viande. Porter le bouillon à ébullition et y déposer les sections de côtes de porc. Cuire environ 1 à 1 h 30, selon la taille des sections.

2. **Préparer la sauce.** Dans une casserole à fond épais, verser l'huile et y déposer les oignons et l'ail haché. Faire suer sans coloration et ajouter le sirop d'érable. Laisser réduire la préparation de moitié pour que les saveurs se concentrent.

3. Réduire le feu et ajouter la pâte de tomate. Mélanger et verser le vinaigre de malt, le bouillon de bœuf, la sauce Worcestershire et la bière noire. Mélanger et cuire à feu doux pendant 20 minutes, jusqu'à ce que la texture soit onctueuse.

4. Laisser tiédir la sauce, puis la verser dans le bol d'un mélangeur. Mélanger jusqu'à ce que la sauce soit bien lisse. Réserver.

5. Lorsque la sauce est entièrement refroidie, étirer une pellicule plastique sur le plan de travail et y déposer une section de côtes levées. Badigeonner généreusement les deux faces de la viande, puis refermer la pellicule plastique hermétiquement. Répéter l'opération avec la deuxième section de côtes levées. Déposer les sections de côtes levées sur une plaque et réfrigérer de 12 à 48 heures pour que la viande absorbe la marinade*.

6. Préchauffer le four à 190 °C (375 °F).

7. Retirer les sections de côtes levées du réfrigérateur et les déballer. Déposer les sections sur une plaque allant au four et badigeonner du surplus de marinade, puis enfourner 25 à 30 minutes. Laisser caraméliser la sauce et badigeonner 2 ou 3 fois, tout au long de la cuisson**.

8. Lorsque les côtes levées sont entièrement caramélisées, les sortir du four et les tailler entre chaque section d'os. Déposer les côtes levées sur un plateau de service. Déguster !

* Plus les côtes levées seront bien marinées, meilleures elles seront ! Réserver le surplus de marinade au réfrigérateur.

** Il est important de ne pas manipuler les sections de côtes levées car elles pourraient se défaire.

PISTES HARMONIQUES DES LIQUIDES

Bière noire/bourbon américain/rhum brun/saké nigori/xérès oloroso.

BALSAMIQUE/BIÈRE NOIRE/GIROFLE/SIROP D'ÉRABLE/THÉ FUMÉ

CUBES DE BŒUF EN SAUCE

ASTUCE AROMATIQUE

Dans sa cuisson, le bœuf développe des parfums de même nature que ceux rencontrés dans une multitude d'ingrédients, dont le vinaigre balsamique, la bière noire, le clou de girofle, le sirop d'érable et le thé fumé Lapsang Souchong. Ce qui nous a permis de transformer le classique automnal qu'est le bœuf en cubes mijoté.

INGRÉDIENTS

30 ml (2 c. à soupe) d'huile végétale
30 g (2 c. à soupe) de beurre
2 oignons, hachés
2 gousses d'ail, écrasées
2 poireaux (partie blanche seulement), en fines lamelles
3 carottes, en dés
2 branches de céleri, en dés
1 kg (2 lb) de cubes de bœuf
500 ml (2 tasses) de bouillon de jambon à la bière noire et sirop d'érable*
750 ml (3 tasses) d'eau
22,5 ml (1 ½ c. à soupe) de vinaigre balsamique
5 clous de girofle
5 ml (1 c. à thé) de thé Lapsang Souchong

PRÉPARATION

1. Préchauffer le four à 160 °C (325 °F).
2. Dans une grande casserole à fond épais, faire chauffer la moitié de l'huile et du beurre. Ajouter les légumes et faire colorer. Retirer les légumes et réserver.
3. Dans la même casserole, déposer le reste de l'huile et du beurre, et faire colorer de petites quantités de cubes de bœuf à la fois pour assurer une belle coloration de la viande.
4. Remettre les cubes de bœuf et les légumes. Verser le bouillon de jambon, l'eau et le vinaigre balsamique, puis ajouter les clous de girofle et le thé Lapsang Souchong. Porter à ébullition.
5. Couvrir, puis enfourner la casserole. Cuire pendant 3 heures.

* On peut remplacer le bouillon de jambon à la bière noire et sirop d'érable par 500 ml (2 tasses) de bouillon de bœuf et 125 ml (½ tasse) de sirop d'érable.

PISTES HARMONIQUES DES LIQUIDES

La gamme aromatique dans laquelle s'exprime le bœuf cuit, ainsi que ses ingrédients complémentaires, est celle des vins rouges ayant séjourné dans la barrique de chêne, plus particulièrement ceux à base de grenache, du Languedoc et du Rhône, de garnacha et de tempranillo, d'Espagne, ainsi que de touriga national, du Portugal. Des vins de soleil sont aussi nécessaires, question de supporter les imposantes saveurs chaudes et sensuelles de ce plat fumant.

CUISSES DE CANARD CONFITES À L'ORANGE ET AUX GRAINES DE CORIANDRE

ASTUCE AROMATIQUE

Partant d'un grand classique de la cuisine française traditionnelle, nous avons transformé une autre recette par la synergie aromatique entre deux ingrédients, dont les graines de coriandre et l'orange. Notez que rose, lavande, citronnelle et cumin sont quelques autres pistes possibles en cuisine pour créer un puissant trio avec le duo orange/graines de coriandre.

INGRÉDIENTS

4 cuisses de canard confites
15 ml (1 c. à soupe) d'huile d'olive
1 petit oignon, haché finement
75 ml (⅓ tasse) de vin rouge
750 ml (3 tasses) de demi-glace de canard
30 g (2 c. à soupe) de marmelade d'orange à la coriandre (voir page 206)
Poivre du moulin

PRÉPARATION

1. Préchauffer le four à 160 °C (325 °F).

2. Dans un plat allant au four, déposer les cuisses de canard et faire réchauffer entre 15 et 20 minutes

3. Dans une casserole à fond épais, verser l'huile et ajouter l'oignon haché. Faire colorer, puis déglacer avec le vin rouge. Réduire le vin au quart.

4. À la réduction de vin rouge, ajouter la demi-glace et porter à ébullition. Faire réduire jusqu'à ce que la sauce soit d'une consistance onctueuse.

5. Juste avant de servir, ajouter la marmelade d'orange et du poivre du moulin, et bien mélanger.

6. Sortir les cuisses de canard du four. Déposer chaque cuisse dans une assiette et napper avec la sauce.

ASTUCES DE SERVICE

Préparer cette sauce pour accompagner les magrets de canard servis rosés. Pour apporter une touche supplémentaire, préparer une petite quantité de fleur de sel parfumée aux graines de cumin. Pour ce faire, torréfier 7,5 ml (½ c. à soupe) de graines de cumin dans une poêle bien chaude afin d'en extraire les huiles essentielles. Déposer les graines de cumin dans un mortier, puis concasser grossièrement à l'aide d'un pilon. Déposer 15 g (1 c. à soupe) de fleur de sel dans un bol à mélanger, puis ajouter les graines de cumin concassées. Mélanger le tout et en parsemer sur les magrets!

PISTES HARMONIQUES DES LIQUIDES

En blanc, optez pour un puissant riesling australien, servi plus frais que froid. En rouge, pour un assemblage grenache/syrah/mourvèdre (GSM), qu'il soit australien ou rhodanien. Enfin, pensez aussi à une bière de type pale ale.

CAROTTE VIOLETTE/SAFRAN/FRAMBOISE

LAPIN AU VIN ROUGE « SANS VIN ROUGE »!

ASTUCE AROMATIQUE

Voici une version de lapin au vin rouge « sans vin rouge », richement coloré qui, par mimétisme, se joue de l'œil du convive, tout en régalant ses papilles! La carotte violette étant riche, entre autres, en caroténoïdes, amusez-vous à y ajouter et/ou changer certains ingrédients en pigeant dans la liste des aliments richement pourvus en caroténoïdes, comme le safran, le paprika, le pimentón fumé, la tomate séchée et même le melon d'eau! Enfin, une fois cuite, la carotte violette génère de nouveaux composés volatils, comme la bêta-ionone, qui appose également sa signature à la framboise. Ce qui explique la présence du vinaigre de framboise dans cette recette. Alors, osez aussi servir ce plat avec quelques framboises fraîches!

INGRÉDIENTS

Sel de mer et poivre du moulin
1 gros lapin, en 6 morceaux
Huile d'olive
4 grosses carottes violettes, en tronçons
2 branches de céleri, en tronçons
60 ml (¼ tasse) de vinaigre de framboise
½ bouteille (325 ml – 11 ½ oz) de vin blanc
500 ml (2 tasses) de bouillon de volaille
250 ml (1 tasse) d'eau
1 pincée de pistils de safran, préalablement infusés 15 minutes dans un peu de vin blanc
1 bouquet de persil italien
10 g (1 c. à soupe) de gingembre frais
(ou 5 ml -1c. à thé- de clou de girofle en poudre)
Quelques framboises fraîches

PRÉPARATION

1. Assaisonner les morceaux de lapin. Réserver.
2. Dans une grande casserole à fond épais, faire dorer rapidement les morceaux de lapin dans l'huile d'olive. Retirer les morceaux de lapin et réserver.
3. Dans la même casserole, faites revenir les carottes et le céleri à feu élevé au début, puis réduire à feu moyen.
4. Dès que les légumes commencent à colorer légèrement, déglacer à feu vif avec le vinaigre de framboise, puis ajouter le vin blanc et laisser réduire aux trois quarts, à feu vif.

5. Ajouter le bouillon de volaille, l'eau et le safran. Porter à ébullition, puis y déposer les morceaux de lapin. Couvrir et laisser cuire à doux frémissement environ 75 à 90 minutes – ou jusqu'à ce que la chair soit tendre à la fourchette.

6. Hacher finement le persil* et réserver.

7. Une quinzaine de minutes avant de servir, râper le gingembre frais à l'aide d'une microplane (ou ajouter le clou de girofle en poudre), ajouter le persil dans la casserole et mélanger. Laisser cuire quelques minutes.

8. Servir avec des pâtes fraîches aux œufs (tagliatelle) arrosées généreusement de la sauce rouge parfumée aux carottes violettes et au gingembre (ou au clou de girofle), ou tout simplement garnir le plat de quelques framboises fraîches réchauffées dans le jus de cuisson du lapin.

La bonne nouvelle est que ce plat est encore meilleur une fois réchauffé !

* Il est important de hacher le persil à la dernière minute afin d'éviter l'oxydation.

PISTES HARMONIQUES DES LIQUIDES

Comme la piste aromatique ici est inspirée par le vin rouge « sans vin rouge »... disons plutôt par les carotènes et les ionones de la carotte violette, optez pour les vins qui en sont tout aussi richement pourvus, comme le sont les merlots et/ou les cabernets francs (chinon/bourgueil/saumur-champigny), ainsi que les vins rosés les plus soutenus. Un thé noir serait aussi le bienvenu !

GIROFLE/MAÏS/MUSCADE

 # PÂTÉ CHINOIS REVU ET MAGNIFIÉ « POUR VIN ROUGE »

ASTUCE AROMATIQUE

Comme nous l'avons fait dans le livre *Les recettes de Papilles et Molécules*, où « nous avons rendu chinois » le pâté chinois, nous avons décidé de le jazzer encore plus afin qu'il soit vraiment bon avec un verre de vin rouge ! Pour ce faire, nous avons opté, entre autres, pour une chapelure d'*outside cut* de bœuf au girofle...

INGRÉDIENTS

CHAPELURE D'*OUTSIDE CUT*

454 g (1 lb) de bœuf mi-maigre (flanc ou autre)
62,5 g (¼ tasse) de beurre
30 ml (2 c. à soupe) d'huile végétale
250 ml (1 tasse) de panko*
5 ml (1 c. à thé) de clou de girofle en poudre
5 ml (1 c. à thé) de cacao en poudre

CHANTILLY DE MAÏS SUCRÉ

250 ml (1 tasse) de crème 35 %
1 petite boîte (284 ml) de maïs en crème
Sel de mer

LAIT DE POMMES DE TERRE

500 ml (2 tasses) de lait 3,25 %
Muscade en quantité suffisante
30 ml (1/8 tasse) de purée en flocons
Sel de mer et poivre blanc

PRÉPARATION

1. **Préparer la chapelure d'*outside cut*.** Préchauffer le four à 160 °C (325 °F).

2. Dans une poêle allant au four, verser un peu d'huile végétale et laisser chauffer à feu élevé. Marquer fortement toutes les surfaces de la pièce de viande, puis enfourner. Cuire pendant 45 minutes. Il est important de surveiller la viande pour qu'elle ne brûle pas. Sortir la viande du four et la laisser refroidir à température pièce.

3. Râper la viande pour prélever la surface grillée (l'*outside cut*) et réserver. Répéter jusqu'à ce que la pièce entière soit réduite en chapelure. Laisser refroidir.

4. Dans une poêle, déposer le beurre et l'huile, puis ajouter le panko. Faire blondir et déposer sur un papier absorbant pour bien l'égoutter. Laisser refroidir.

5. Dans un bol, mélanger la chapelure d'*outside cut* et le panko, puis assaisonner de poudre de clou de girofle et de cacao. Réserver.

6. **Préparer la chantilly de maïs sucré.** Dans une casserole, verser la crème et le maïs en crème, et porter à ébullition. Saler, puis filtrer à travers un tamis fin dans un bol à mélanger. Recouvrir d'une pellicule plastique et réfrigérer.

7. Lorsque le mélange est bien froid, le verser dans le siphon ou bonbonne à chantilly, charger le siphon avec une cartouche de gaz et agiter vigoureusement. Réserver au réfrigérateur jusqu'au service.

8. **Préparer le lait de pommes de terre.** Dans une casserole, verser le lait et porter à ébullition. Ajouter la muscade et les flocons de pommes de terre. Laisser cuire quelques minutes.

9. Verser la préparation dans un bol et recouvrir d'une pellicule plastique. Réserver au réfrigérateur. Lorsque le mélange est froid, assaisonner de sel et de poivre.

10. Dans des verres à *shooter*, verser un étage de lait de pommes de terre, puis un étage de chantilly au maïs. En touche finale, saupoudrer de chapelure d'*outside cut* et servir.

Note : Comme chaque partie du plat sera chauffée, mais servie froide, il est important d'assaisonner les différentes préparations avant de les servir, lorsqu'elles seront froides.

*Le panko est une chapelure japonaise qu'on retrouve dans la section orientale des épiceries.

PISTES HARMONIQUES DES LIQUIDES

Le girofle étant l'épice de la barrique, comme je l'explique dans notre recette de mozzarella gratinée « comme une pizza » (voir page 144), il faut donc des vins boisés, plus particulièrement comme ceux d'Espagne, à base de garnacha ou de tempranillo, tout comme ceux du Nouveau Monde, à base de pinot noir.

ROMARIN

POULET AU ROMARIN ET À L'AIL

ASTUCE AROMATIQUE

Partant de ce grand classique que voici, nous l'avons aussi décliné en plusieurs versions grâce à la synergie entre le romarin et quelques-uns de ses aliments complémentaires, comme le cèdre, le citron, le gingembre, le thé Earl Grey et la cardamome.

INGRÉDIENTS

62,5 ml (¼ tasse) d'huile d'olive
12 gousses d'ail, hachées finement
125 ml (½ tasse) de romarin frais, haché finement
30 g (2 c. à soupe) de beurre salé
2 coffres de poulet (poitrines entières sur os)

PRÉPARATION

Note : La veille, il est important de préparer la marinade à chaud pour libérer les saveurs de l'ail et du romarin.

1. Dans une petite casserole, verser l'huile d'olive et la laisser chauffer. Dès que l'huile est chaude, ajouter l'ail et laisser cuire sans la colorer. Retirer la casserole du feu, ajouter le romarin et laisser infuser. Dès que l'huile est presque froide, ajouter le beurre et mélanger.

2. Lorsque l'huile aromatisée est entièrement refroidie, retirer les coffres de poulet du réfrigérateur, puis les badigeonner à l'aide d'un pinceau. Recouvrir d'une pellicule plastique et laisser mariner au réfrigérateur toute la nuit.

3. Préchauffer le four à 180 °C (350 °F) en position convection.

4. Déposer les coffres de poulet marinés dans un plat allant au four et enfourner sur une grille placée au milieu du four pour uniformiser la cuisson. Cuire pendant 40 minutes, selon la taille, en prenant soin de les arroser de jus de cuisson aux 10 minutes.

5. Juste avant de servir, retirer les suprêmes de volaille de l'os et déposer côté viande dans le jus de cuisson pour les réchauffer quelques minutes.

PISTES HARMONIQUES DES LIQUIDES

Les plats dominés par le romarin méritent avant tout un vin de riesling, tout comme d'albariño (appellation Rias Baixa, Espagne). Tous deux ont le même profil terpénique que le romarin. Et l'ail de cette recette ? Eh bien, notez qu'elle est sur la même piste que le riesling, tout comme les très jeunes vins de sauvignon blanc ! À vous de choisir, l'aile ou la cuisse ?!

POULET AU ROMARIN ET AU CITRON

ASTUCE AROMATIQUE

Classique poulet au romarin aromatiquement zesté par l'ajout du citron, qui est un aliment complémentaire à cette herbe méditerranéenne.

INGRÉDIENTS

62,5 ml (¼ tasse) d'huile d'olive
Zeste de 1 citron non traité
125 ml (½ tasse) de romarin frais, haché finement
30 g (2 c. à soupe) de beurre salé
2 coffres de poulet (poitrines entières sur os)

PRÉPARATION

Note : La veille, il est important de préparer la marinade à chaud pour libérer les saveurs des zestes de citron et du romarin.

1. Dans une petite casserole, verser l'huile d'olive et la laisser chauffer. Dès que l'huile est chaude, ajouter le zeste de citron et laisser infuser sans colorer. Retirer la casserole du feu, ajouter le romarin et laisser infuser. Dès que l'huile est presque froide, ajouter le beurre et mélanger.

2. Lorsque l'huile aromatisée est entièrement refroidie, retirer les coffres de poulet du réfrigérateur, puis les badigeonner à l'aide d'un pinceau. Recouvrir d'une pellicule plastique et laisser mariner au réfrigérateur toute la nuit.

3. Préchauffer le four à 180 °C (350 °F) en position convection.

4. Déposer les coffres de poulet marinés dans un plat allant au four et enfourner sur une grille placée au milieu du four pour uniformiser la cuisson. Cuire pendant 40 minutes, selon la taille, en prenant soin de les arroser de jus de cuisson aux 10 minutes.

5. Juste avant de servir, retirer les suprêmes de volaille de l'os et déposer côté viande dans le jus de cuisson pour les réchauffer quelques minutes.

PISTES HARMONIQUES DES LIQUIDES

Suivez les mêmes recommandations que pour le poulet au romarin et à l'ail (voir page 125).

POULET À LA CARDAMOME ET À L'AIL

ASTUCE AROMATIQUE

Une autre alternative consiste à remplacer le cèdre ou le romarin, de notre recette de poulet au romarin et à l'ail (page 125), par la cardamome verte, elle aussi dans la même famille camphrée que cette herbe du Midi et que notre cèdre québécois.

INGRÉDIENTS

62,5 ml (¼ tasse) d'huile d'olive
12 gousses d'ail, hachées finement
5 ml (1 c. à thé) de cardamome verte en poudre
30 g (2 c. à soupe) de beurre salé
2 coffres de poulet (poitrines entières sur os)

PRÉPARATION

Note : La veille, il est important de préparer la marinade à chaud pour libérer les saveurs de l'ail et de la cardamome.

1. Dans une petite casserole, verser l'huile d'olive et la laisser chauffer. Dès que l'huile est chaude, ajouter l'ail et laisser cuire sans la colorer. Retirer la casserole du feu, ajouter la cardamome en poudre, et laisser infuser. Dès que l'huile est presque froide, ajouter le beurre et mélanger.

2. Lorsque l'huile aromatisée est entièrement refroidie, retirer les coffres de poulet du réfrigérateur, puis les badigeonner à l'aide d'un pinceau. Recouvrir d'une pellicule plastique et laisser mariner au réfrigérateur toute la nuit.

3. Préchauffer le four à 180 °C (350 °F) en position convection.

4. Déposer les coffres de poulet marinés dans un plat allant au four et enfourner sur une grille placée au milieu du four pour uniformiser la cuisson. Cuire pendant 40 minutes, selon la taille, en prenant soin de les arroser de jus de cuisson aux 10 minutes.

5. Juste avant de servir, retirer les suprêmes de volaille de l'os et déposer côté viande dans le jus de cuisson pour les réchauffer quelques minutes.

PISTES HARMONIQUES DES LIQUIDES

Suivez les recommandations données pour les plats dominés par le romarin, de même nature aromatique que la cardamome, avec le riesling comme premier choix. Vous me dites qu'il y a de l'ail aussi ? Bonne nouvelle, cette dernière est sur la même piste que le riesling, tout comme les très jeunes vins de sauvignon blanc !

POULET AU THÉ EARL GREY ET ROMARIN

ASTUCE AROMATIQUE

« A cup of Earl Grey tea ! » Une autre version inspirée de la piste aromatique du romarin, nous conduisant vers le thé Earl Grey, qui est un thé aromatisé à la bergamote, cette dernière étant de même profil que le romarin.

INGRÉDIENTS

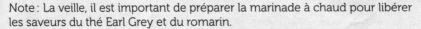

5 ml (1 c. à thé) de thé Earl Grey en feuilles
62,5 ml (¼ tasse) d'huile d'olive
125 ml (½ tasse) de romarin frais, haché finement
30 g (2 c. à soupe) de beurre salé
2 coffres de poulet (poitrines entières sur os)

PRÉPARATION

Note : La veille, il est important de préparer la marinade à chaud pour libérer les saveurs du thé Earl Grey et du romarin.

1. Dans un mortier, déposer les feuilles de thé Earl Grey et les réduire en poudre à l'aide d'un pilon. Réserver.
2. Dans une petite casserole, verser l'huile d'olive et la laisser chauffer. Dès que l'huile est chaude, retirer la casserole du feu, ajouter le romarin et le thé en feuilles, et laisser infuser. Dès que l'huile est presque froide, ajouter le beurre et mélanger.
3. Lorsque l'huile aromatisée est entièrement refroidie, retirer les coffres de poulet du réfrigérateur, puis les badigeonner à l'aide d'un pinceau. Recouvrir d'une pellicule plastique et laisser mariner au réfrigérateur toute la nuit.
4. Préchauffer le four à 180 °C (350 °F) en position convection.
5. Déposer les coffres de poulet marinés dans un plat allant au four et enfourner sur une grille placée au milieu du four pour uniformiser la cuisson. Cuire pendant 40 minutes, selon la taille, en prenant soin de les arroser de jus de cuisson aux 10 minutes.
6. Juste avant de servir, retirer les suprêmes de volaille de l'os et les déposer côté viande dans le jus de cuisson pour les réchauffer quelques minutes.

PISTES HARMONIQUES DES LIQUIDES

Plusieurs vins de différents cépages partagent la même identité aromatique que le duo Earl Grey/romarin : albariño (appellation Rias Baixa, Espagne), müller-thurgau (Autriche), gewurztraminer, muscat sec, riesling et xérès fino.

POULET AU GINGEMBRE

ASTUCE AROMATIQUE

Gingembre et re-gingembre pour que cette recette zeste vos papilles ! Et pourquoi pas une version « piquante » avec ajout de piments forts ?

INGRÉDIENTS

60 ml (4 c. à soupe) d'huile d'olive

1 poulet (environ 1,8 kg, 4 lb) entier, taillé en 8 morceaux

1 gros oignon jaune, haché finement

1 grosse racine de gingembre, émincée finement

45 ml (3 c. à soupe) de sauce soya

45 ml (3 c. à soupe) de sauce de poisson (Nuoc Mâm vietnamien ou Nam Pla thaïlandais)

45 ml (3 c. soupe) de miel

250 ml (1 tasse) de bouillon de poulet

PRÉPARATION

1. Préchauffer le four à 160 °C (325 °F).

2. Dans une grande casserole à fond épais, munie d'un couvercle, verser l'huile d'olive et faire chauffer. Déposer ensuite les morceaux de poulet et faire colorer toutes les surfaces. Ajouter l'oignon et le gingembre, et faire blondir.

3. Ajouter la sauce soya, la sauce de poisson et le miel, et porter à ébullition. Ajouter le bouillon de poulet, couvrir, puis enfourner. Cuire pendant 1 heure.

ASTUCE AROMATIQUE

Si vous aimez les sensations fortes, vous pouvez ajouter 10 ml (2 c. à thé) de pâte de curry rouge forte, pour apporter du « punch » la préparation !

PISTES HARMONIQUES DES LIQUIDES

Un puissant blanc de gewurztraminer vous transportera directement en Asie ! Si vous optez pour la version piquante avec la pâte de curry rouge forte, il faudra que le gewurztraminer contienne quelques grammes de sucre résiduel. Les amateurs de rouge ne sont pas en reste : servez un espagnol dominé par le cépage garnacha.

POULET GRILLÉ AUX ÉPICES EN CRAPAUDINE

ASTUCE AROMATIQUE

Ça peut vous sembler loin du gingembre, pourtant les ingrédients de cette recette sont tous sur la même piste aromatique que la racine de gingembre. D'où l'ajout d'huile de gingembre afin de dynamiser l'ensemble.

INGRÉDIENTS

1 poulet fermier de 1,5 kg (3 lb)

Gros sel de mer

Zeste de 1 citron jaune non traité

5 ml (1 c. à thé) de graines de cumin

5 ml (1 c. à thé) de graines de coriandre

2 gousses d'ail, écrasées

62,5 ml (¼ tasse) d'huile de gingembre (voir page 188)

1 petit piment oiseau rouge (ou autre piment fort), haché finement

125 ml (½ tasse) de vin blanc

62,5 ml (¼ tasse) d'eau

2 feuilles de laurier

PRÉPARATION

1. Ouvrir le poulet en crapaudine, c'est-à-dire fendre le dos de chaque côté de la colonne vertébrale à l'aide d'un couteau de chef bien aiguisé et la retirer. Mettre le poulet à plat et presser fermement pour bien l'aplatir. Frotter le poulet avec une petite quantité de gros sel et déposer sur une plaque. Couvrir d'une pellicule plastique et réserver au réfrigérateur pendant au moins 1 heure.

2. Prélever le jus de la moitié du citron et réserver.

3. Dans une petite poêle bien chaude, déposer les graines de cumin ainsi que les graines de coriandre, et torréfier quelques minutes, jusqu'à ce que les graines relâchent leurs arômes.

4. Dans un mortier, déposer le cumin et la coriandre, et concasser à l'aide d'un pilon. Réserver.

5. Dans un bol à mélanger, déposer l'ail, puis ajouter le zeste et le jus de citron, le cumin et la coriandre, l'huile de gingembre, le piment, le vin blanc, l'eau et les feuilles de laurier.

6. Rincer le poulet sous l'eau froide et l'assécher à l'aide d'un papier absorbant. Déposer le poulet dans un grand plat et couvrir de marinade. Recouvrir d'une pellicule plastique et laisser mariner au réfrigérateur toute la nuit.

7. Préchauffer le BBQ.

8. Déposer le poulet sur la grille du BBQ et cuire pendant 45 minutes ou selon la taille du poulet, en le retournant aux 5 minutes. Tout au long de la cuisson, badigeonner le poulet de marinade à l'aide d'un pinceau.

PISTES HARMONIQUES DES LIQUIDES

La beauté de l'affaire, c'est que vous avez le choix de la couleur : en rouge, un cru du Midi dominé par le grenache, qu'il soit du Rhône ou d'Espagne, et en blanc, un alsacien de gewurztraminer. Ainsi va la vie dans l'univers des harmonies aromatiques où la zone de confort harmonique est passablement large).

CANNELLE/CITRON/OLIVE VERTE/RAIFORT/SAFRAN

POULET ÉPICÉ À LA MAROCAINE AUX OLIVES VERTES ET CITRONS CONFITS

ASTUCE AROMATIQUE

Inspiration au départ du voyage de Stéphane au Maroc, au printemps 2011, nous avons ajusté ce grand classique à son retour en nous assurant que tous les ingrédients sont de même famille aromatique, à commencer par remplacer le gingembre et le curcuma par du raifort et du jus de citron vert. Ainsi, la synergie entre chaque composé volatil opère à son maximum, sans perdre de vue le gène de saveur originel de ce plat traditionnel.

INGRÉDIENTS

1 oignon, taillé grossièrement
15 ml (1 c. à soupe) de graines de coriandre
125 ml (1 tasse) de tomates fraîches, en purée
30 g (2 c. à soupe) de citron confit au sel
5 g (1 c. à thé) d'ail, haché
1 pincée de pistils de safran réduit en poudre
5 ml (1 c. à thé) de cannelle en poudre
10 g (2 c. à thé) de raifort préparé (ou fraîchement râpé)
5 ml (1 c. à thé) de graines de fenouil
5 g (1 c. à thé) de sel de mer fin
Jus de ½ citron vert
1 bâton de cannelle
30 ml (2 c. à soupe) de persil plat (italien), haché
30 ml (2 c. à soupe) de coriandre fraîche, hachée
1 poulet (environ 2 kg, 4 ½ lb) entier

62,5 ml (¼ tasse) d'huile d'olive
100 g (3 ½ oz) d'olives vertes avec noyaux
62,5 ml (¼ tasse) d'eau

PRÉPARATION

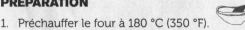

1. Préchauffer le four à 180 °C (350 °F).
2. Dans le bol d'un mélangeur, déposer l'oignon, puis pulser pour obtenir une purée. Réserver.

3. Dans un mortier, déposer les graines de coriandre et concasser à l'aide d'un pilon. Réserver.

4. Dans une grosse casserole munie d'un couvercle, déposer la purée de tomates, la purée d'oignon, le citron confit au sel, l'ail, le safran, la cannelle, le raifort, les graines de fenouil, le sel, le jus de citron vert, le bâton de cannelle, le persil, la coriandre et l'huile d'olive. Bien mélanger à froid tous les ingrédients.

5. Enfiler des gants, puis déposer le poulet dans la casserole. Masser la chair avec le mélange d'épices pour bien enduire toute sa surface et l'intérieur du poulet. Couvrir et cuire pendant 40 minutes, ou selon la taille du poulet.

6. Au terme de la cuisson, retirer le poulet et le déposer sur une grille pour bien l'égoutter.

7. Hausser la température du four à 215 °C (420 °F).

8. Ajouter les olives vertes dans la sauce et la réduire sur le feu pour obtenir une belle consistance.

9. Déposer le poulet sur une plaque allant au four et le faire colorer.

10. Déposer le poulet sur un plateau de service et le napper de sauce.

PISTES HARMONIQUES DES LIQUIDES

Comme nous avons emprunté la piste aromatique des olives vertes, et de ses ingrédients complémentaires qui composent cette recette, il faut suivre le même chemin qui conduit aux vins de sauvignon blanc ou de verdejo (appellation Rueda, Espagne). Mais comme il y a aussi le safran dans le décor, il est aussi possible d'opter pour un albariño (appellation Rias Baixa, Espagne), un riesling ou un xérès manzanilla.

POULET AU CURRY

ASTUCE AROMATIQUE

Le mariage noix de coco et curry est sur la même piste aromatique que l'érable et les arômes générés par l'élevage en barriques de chêne, ce qui inclut aussi l'ananas. Donc, n'hésitez pas à y ajouter des cubes d'ananas dans la sauce. L'utilisation de noix de coco grillée, au moment du service, crée une plus grande synergie aromatique entre les aliments, tout comme avec le liquide qui accompagnera ce plat.

INGRÉDIENTS

60 ml (4 c. à soupe) d'huile d'olive

1 poulet fermier d'environ 1,8 kilo (4 lb), découpé en 8 morceaux

2 gros oignons jaunes, hachés

1 gousse d'ail, hachée

60 ml (4 c. à soupe) de pâte de curry jaune

1 tomate mûre, en dés

2 boîtes (2 x 398 ml – 14 oz) de lait de coco

Cubes d'ananas (au goût)
Copeaux de noix de coco grillée (au goût)

PRÉPARATION

1. Dans une grande casserole à fond épais, verser l'huile d'olive et faire colorer les morceaux de poulet. Réserver.
2. Dans la même casserole, déposer l'oignon et l'ail et faire dorer. Ajouter ensuite la pâte de curry. Remuer et cuire quelques minutes.
3. Remettre les morceaux de poulet et remuer pour bien les enrober.
4. Ajouter les tomates, puis verser le lait de coco. Couvrir et laisser mijoter à feu doux pendant environ 30 minutes.
5. Quelques minutes avant la fin de cuisson, ajouter dans la sauce quelques cubes d'ananas pour les réchauffer.
6. Une fois servi, dans l'assiette, saupoudrer les morceaux de poulet de copeaux de noix de coco grillée.

PISTES HARMONIQUES DES LIQUIDES

Vins blancs élevés en barriques (chardonnay ou roussanne)/vin jaune/saké Nigori/bière brune/montilla-moriles amontillado.

RÔTI DE PALETTE « COMME UN CHILI DE CINCINNATI »

ASTUCE AROMATIQUE

Inspirés par les parfums de notre chili de Cincinnati (voir page 117), dominé par le profil du clou de girofle, nous avons transformé cette recette en un succulent rôti de palette !

INGRÉDIENTS

RÔTI

1 rôti de palette
2 gros oignons jaunes, hachés
1 branche de céleri, en dés
30 ml (2 c. à soupe) d'huile d'olive
7,5 ml (1 ½ c. à thé) de sel de mer
5 ml (1 c. à thé) de cannelle en poudre
7,5 ml (1 ½ c. à thé) de clou de girofle en poudre
22,5 ml (1 ½ c. à soupe) de poudre de chili
5 ml (1 c. à thé) de quatre-épices
30 g (2 c. à soupe) de concentré de tomates
1 grosse boîte (796 ml – 28 oz) de tomates en dés, égouttées

750 ml (3 tasses) de bouillon de bœuf sans sel
15 ml (1 c. à soupe) de sauce anglaise Worcestershire
1 feuille de laurier
22,5 g (1 ½ c. à soupe) de cassonade
1 grosse boîte (540 ml – 19 oz) de haricots rouges, égouttés et rincés

GREMOLATA*

1 bouquet de persil plat (italien), haché
Zeste de 1 orange
22,5 ml (1 ½ c. à soupe) d'huile d'olive
Sel de mer et poivre noir du moulin

PRÉPARATION

1. Préchauffer le four à 120 °C (250 °F).
2. **Préparer le rôti.** Dans une grande casserole à fond épais, faire colorer le rôti de palette sur toutes ses faces. Réserver.
3. Dans la même casserole, faire revenir l'oignon et le céleri dans l'huile d'olive.
4. Ajouter le sel, la cannelle, le clou de girofle, la poudre de chili et le quatre-épices. Remuer et continuer la cuisson quelques minutes.
5. Ajouter le concentré de tomates, faire revenir en remuant. Ajouter les tomates en dés, le bouillon de bœuf, la sauce Worcestershire, la feuille de laurier et la cassonade. Enfourner et faire mijoter environ 3 heures.
6. Sortir la casserole, puis ajouter les haricots rouges. Remettre au four pendant 25 minutes, jusqu'à ce que les haricots soient chauds.
7. Rectifier l'assaisonnement.
8. **Préparer la gremolata.** Dans un bol à mélanger, déposer le persil et le zeste d'orange. Bien mélanger en y versant l'huile d'olive. Ajouter du sel et du poivre noir du moulin, au goût.
9. Servir le rôti dans des bols. Parsemer de gremolata juste avant de servir.

* La gremolata est un condiment typiquement italien à base de persil plat, d'ail et de zeste de citron servi avec l'osso buco. Mais comme les variantes sont infinies, nous l'avons adaptée ici pour qu'elle se marie parfaitement à notre chili.

PISTES HARMONIQUES DES LIQUIDES

Vins rouges élevés en barriques, comme pour la recette de chili de Cincinnati (voir page 117) : rioja/ribera del duero/bierzo/cariñena/petite sirah.

RÔTI DE PORC FARCI AUX ABRICOTS ET SAUCE AU SCOTCH ET LAIT DE COCO

ASTUCE AROMATIQUE

Classique duo porc/abricot, jazzé avec l'ajout d'ingrédients complémentaires comme le scotch et le lait de coco. En fait, les quatre ingrédients sont de la même famille aromatique.

INGRÉDIENTS

RÔTIS

200 g (1 tasse) d'abricots secs
250 ml (1 tasse) de scotch
2 filets de porc
Sel de mer

SAUCE

1 noix de beurre
1 oignon jaune, haché
3 gousses d'ail, hachées
500 ml (2 tasses) de bouillon de volaille
1 boîte (398 ml) de lait de coco
Brindilles de noix de coco grillées

PRÉPARATION

1. **Préparer les rôtis.** La veille, déposer les abricots secs dans un bol et les couvrir de scotch. Recouvrir d'une pellicule plastique et laisser tremper à la température ambiante au moins 12 heures.

2. Égoutter les abricots secs et séparer les oreillons en deux. Réserver. Réserver le scotch qui servira à mariner les rôtis de porc.

3. Tailler les filets de porc en deux dans le sens de la longueur, en gardant une attache, puis ouvrir chaque filet en deux (longs rectangles).

4. Déposer les filets de porc sur le plan de travail et couvrir d'une couche d'abricots. Saler et ficeler chaque filet pour former deux rôtis.

5. Déposer les deux rôtis dans un plat creux, puis verser le scotch. Recouvrir d'une pellicule plastique et laisser mariner au moins 4 heures au réfrigérateur, en prenant soin de les tourner après 2 heures.

6. Préchauffer le four à 160 °C (325 °F).

7. Au bout de 4 heures, retirer les rôtis de la marinade et les laisser égoutter sur une grille. Réserver la marinade qui servira à réaliser la sauce.

8. Sur l'élément de la cuisinière, faire chauffer une poêle allant au four. Assaisonner les rôtis, les déposer dans la poêle chaude et marquer la viande de chaque côté. Enfourner et cuire entre 15 et 20 minutes, selon la taille des rôtis.

9. **Préparer la sauce.** Dans une casserole à fond épais, déposer le beurre. Ajouter l'oignon et laisser blondir. Ajouter l'ail et faire suer le tout. Déglacer avec le bouillon de volaille et laisser réduire de moitié. Éteindre le feu et laisser infuser.

10. Lorsque les rôtis sont presque cuits, les retirer de la poêle et les déposer sur une assiette afin de laisser reposer la viande.

11. Faire chauffer la poêle de cuisson des rôtis et la déglacer avec le scotch ayant servi à mariner les rôtis. Laisser réduire de moitié, puis ajouter le lait de coco. Laisser réduire encore jusqu'à ce que la texture de la sauce soit nappante, puis ajouter la préparation de bouillon de volaille et laisser réduire de nouveau. Lorsque la texture sera idéale pour napper la viande, verser dans le bol d'un mélangeur et mixer la sauce.

12. Au-dessus d'une poêle, filtrer la sauce dans un chinois étamine et la laisser chauffer quelques instants en remuant. Déposer les rôtis dans la sauce et les laisser réchauffer quelques minutes.

13. Juste avant de servir, retirer les rôtis de la sauce et les déposer sur le plan de travail. Retirer les ficelles, puis trancher les rôtis.

14. Déposer les tranches sur une assiette de service, napper de sauce et parsemer de brindilles de noix de coco grillées. Déguster !

PISTES HARMONIQUES DES LIQUIDES

La famille aromatique qui lie tous les ingrédients de cette recette est celle des lactones, que l'on trouve aussi dans les vins élevés en barriques de chêne, plus particulièrement dans les vins blancs de chardonnay ou de roussanne. Ce qui est aussi le cas des rouges du Nouveau Monde à base de pinot noir ou de merlot. Les aventuriers oseront servir un scotch single malt, avec un splash d'eau.

ESTRAGON

SUPRÊMES DE VOLAILLE À LA CRÈME D'ESTRAGON

ASTUCE AROMATIQUE

Classique des classiques, il se devait d'être conservé dans sa forme originale, l'estragon donnant déjà de belles pistes pour le choix des vins. Par contre, nous nous sommes amusés à bâtir une variation avec l'anis étoilé (voir page 138). Vous pourriez faire de même avec la menthe, le basilic, le cerfeuil ou les graines de fenouil !

INGRÉDIENTS

4 poitrines de volailles de grain avec peau et ailes
Sel de mer
15 ml (1 c. à soupe) d'huile végétale
30 g (2 c. à soupe) de beurre

1 oignon, ciselé finement
250 ml (1 tasse) de bouillon de volaille
187,5 ml (¾ tasse) de crème 35 % à cuisson
125 ml (½ tasse) d'estragon

PRÉPARATION

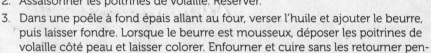

1. Préchauffer le four à 160 °C (325 °F).
2. Assaisonner les poitrines de volaille. Réserver.
3. Dans une poêle à fond épais allant au four, verser l'huile et ajouter le beurre, puis laisser fondre. Lorsque le beurre est mousseux, déposer les poitrines de volaille côté peau et laisser colorer. Enfourner et cuire sans les retourner pendant 12 à 15 minutes, selon la taille des suprêmes jusqu'à une cuisson rosée.
4. Retirer les poitrines de volaille et réserver sur une assiette.
5. Dans la même poêle, déposer l'oignon et faire suer sans coloration. Déglacer ensuite avec le bouillon de volaille et réduire du tiers. Ajouter la crème et porter à ébullition. Cuire encore quelques minutes.
6. Effeuiller l'estragon, puis le rincer sous l'eau. Assécher à l'aide d'un papier absorbant. Réserver.

DEUX VERSIONS POSSIBLES : COMME AU RESTO !

Première version : Déposer les poitrines de volaille et les réchauffer dans la crème. Retirer les poitrines et réserver. Verser la crème dans un mélangeur, ajouter l'estragon et mélanger pour que la sauce devienne verte. Rectifier l'assaisonnement en sel.

Déposer les poitrines sur des assiettes et napper de crème d'estragon juste avant de servir.

Deuxième version : Rectifier l'assaisonnement en sel de la crème, y déposer les poitrines de volaille et les réchauffer quelques minutes. Deux minutes avant de servir, ajouter l'estragon finement ciselé et servir.

PISTES HARMONIQUES DES LIQUIDES

Tout comme le fait l'anis étoilé dans notre autre version, l'estragon donne la direction harmonique vers un rouge de syrah, ainsi qu'un blanc de sauvignon blanc. Plus la sauce sera riche en estragon, plus le vin se devra d'être anisé à souhait et passablement dense en bouche.

SUPRÊMES DE VOLAILLE À LA CRÈME D'ANIS ÉTOILÉ

ASTUCE AROMATIQUE

Ici, nous avons remplacé l'estragon par l'anis étoilé de la recette classique de suprêmes de volaille à la crème d'estragon (voir page 136). C'est que l'anis est de même famille aromatique que l'estragon, tout comme du basilic, de la menthe, des endives et du fenouil, soit dit en passant... Donc, servez ces suprêmes avec des légumes racines sautés au fenouil, ou avec des endives braisées au sauvignon blanc et à la menthe fraîche.

INGRÉDIENTS

4 poitrines de volailles de grain avec peau et ailes
Sel de mer
15 ml (1 c. à soupe) d'huile végétale
30 g (2 c. à soupe) de beurre
4 étoiles d'anis étoilé (badiane)
1 oignon, ciselé finement
250 ml (1 tasse) de bouillon de volaille
187,5 ml (¾ tasse) de crème 35 % à cuisson

PRÉPARATION

1. Préchauffer le four à 160 °C (325 °F).
2. Assaisonner les poitrines de volaille. Réserver.
3. Dans une poêle à fond épais allant au four, verser l'huile, ajouter le beurre, puis laisser fondre. Lorsque le beurre est mousseux, déposer les poitrines de volaille côté peau et laisser colorer. Enfourner et cuire sans les retourner pendant 12 à 15 minutes, selon la taille des suprêmes jusqu'à une cuisson rosée.
4. Retirer les poitrines de volaille et réserver sur une assiette.
5. Dans un mortier, déposer les étoiles d'anis et concasser à l'aide d'un pilon. Réserver.
6. Dans la même poêle, déposer l'oignon et faire suer sans coloration. Déglacer avec le bouillon de volaille, puis ajouter les étoiles d'anis concassées. Réduire du tiers. Ajouter la crème et porter à ébullition. Cuire quelques minutes.
7. Filtrer la crème dans un tamis et la remettre dans la poêle. Déposer les poitrines de volaille et les faire réchauffer dans la crème. Rectifier l'assaisonnement en sel et servir.

PISTES HARMONIQUES DES LIQUIDES

La présence de l'anis étoilé permet l'harmonie tant en rouge, avec un vin de syrah, qu'en blanc, avec un sauvignon blanc.

VIANDE DE PORC MARINÉE

ASTUCE AROMATIQUE

Comme cette viande est utilisée dans le sandwich vietnamien Banh-mi au porc pour syrah dont tous les ingrédients sont en mode « anisé », amusez-vous aussi à changer le gingembre pour l'estragon ou la citronelle, afin de maximiser la synergie aromatique entre le cumin de cette marinade et les ingrédients ajoutés à ce sandwich vietnamien Banh-mi au porc pour syrah (voir page 86).

INGRÉDIENTS

1 lb de rôti de porc
15 ml (1 c. à soupe) de sauce hoisin
15 ml (1 c. à soupe) de sauce de poisson
15 ml (1 c. à soupe) de vinaigre de vin rouge
15 ml (1 c. à soupe) de sauce soya
de miel
15 ml (1 c. à soupe) de cassonade
15 ml (1 c. à soupe) de gingembre râpé
1 gousse d'ail écrasée
5 ml (1 c. à thé) de graines de cumin concassées

PRÉPARATION

1. Mettre la viande et la marinade dans un sac Ziploc à congélation. Laisser mariner au réfrigérateur pendant au moins 3 heures. .

2. Plonger le sac dans une grande casserole d'eau bouillante. Cuire pendant 5 minutes.

3. Préchauffer le four à 160 °C (350 °F).

4. Retirer le morceau de porc et le placer sur une plaque. Enfourner. Tourner toutes les 5 minutes en le badigeonnant avec la marinade. Cuire environ 35 minutes. Laisser tiédir avant de couper.

PISTES HARMONIQUES DES LIQUIDES

Ce sont les mêmes que celles données pour le sandwich vietnamien Bhan-mi au porc pour syrah .

CAMEMBERT CHAUD AU SIROP D'ÉRABLE

ASTUCE AROMATIQUE

Multiples sont les aliments partageant le profil aromatique de l'érable. Ce à quoi répondent, entre autres, certains fromages, l'amande et le curry. Ainsi, nous avons transformé avec une facilité déconcertante le classique camembert chaud !

INGRÉDIENTS

1 meule (8 oz) de camembert
60 g (½ tasse) d'amandes blanches entières
62,5 ml (¼ tasse) de sirop d'érable
5 ml (1 c. à thé) de pâte de curry rouge (forte)
Poivre noir du moulin

PRÉPARATION

1. Préchauffer le four à 180 °C (350 °F).
2. Déposer le camembert dans un plat creux allant au four. Réserver.
3. Déposer les amandes sur une plaque à biscuits et torréfier, en prenant soin de les remuer, jusqu'à ce qu'elles blondissent.
4. Dans une casserole, verser le sirop d'érable puis ajouter la pâte de curry. Chauffer en remuant jusqu'à ce que la pâte de curry soit complètement dissoute.
5. Verser le sirop chaud sur le camembert. Disposer les amandes sur le dessus puis ajouter un tour de poivre du moulin. Déposer le plat sur une plaque à biscuits. Enfourner et cuire pendant une dizaine de minutes jusqu'à ce que le sirop bouillonne.
6. Servir immédiatement avec du pain de campagne au levain grillé.

PISTES HARMONIQUES DES LIQUIDES

Vin jaune du Jura/xérès amontillado/madère bual/porto tawny/bière brune extra-forte/eaux-de-vie élevées en barriques : tous sur la piste de l'érable et de ses aliments complémentaires.

FONDUES AU FROMAGE BLEU

ASTUCE AROMATIQUE

Dattes, muscade, avoine et fromage bleu ne font qu'un, tant leur profil aromatique est proche parent. Ce qui vous permet de complexifier votre classique fondue au fromage. Et pourquoi ne pas la servir avec notre recette de vinaigrette miso/sauce soya/gingembre/sésame grillé ? (voir page 77).

INGRÉDIENTS

375 ml (1 ½ tasse) d'avoine

60 g (¼ de tasse) de beurre

40 g (¼ de tasse) de farine

375 ml (1 ½ tasse) de lait 3,25 %

2,5 ml (½ c. à thé) de muscade, fraîchement râpée

2 jaunes d'œufs

375 g (1 ½ tasse) de fromage bleu

250 g (1 tasse) de dattes dénoyautées, hachées finement

2 blancs d'œufs

15 ml (1 c. à soupe) d'eau fraîche

5 ml (1 c. à thé) d'huile végétale

80 g (½ tasse) de farine

Huile végétale (pour la friture)

PRÉPARATION

1. Dans le bol d'un robot culinaire, déposer l'avoine et mélanger pour obtenir une chapelure moyennement fine. Réserver.

2. Dans une casserole à fond épais, faire fondre le beurre, puis ajouter la farine en brassant à l'aide d'une cuillère de bois pour faire un roux. Cuire 2 minutes. Ajouter le lait petit à petit en remuant sans cesse à l'aide d'un fouet jusqu'à l'obtention d'une préparation sans grumeaux. Ajouter la muscade et, toujours en remuant, faire bouillir la préparation quelques minutes.

3. Dans un bol à mélanger, battre les jaunes d'œufs et y ajouter un peu de préparation chaude en remuant sans cesse pour empêcher la coagulation . Verser ensuite les jaunes d'œufs dans la casserole et bien mélanger.

4. Retirer la casserole du feu et ajouter le fromage bleu. Bien remuer pour faire fondre le fromage, puis ajouter les dattes.

5. Recouvrir le fond d'un contenant muni d'un couvercle d'une pellicule plastique et y verser la préparation. Couvrir et réfrigérer toute une nuit.

6. À l'aide d'un couteau, tailler les fondues en bouchées carrées de 2,5 x 2,5 cm (1 x 1 po).

7. Dans un bol à mélanger, verser les blancs d'œufs, l'eau fraîche et l'huile.

8. Déposer la farine dans une assiette et réserver.

9. Enfariner les morceaux délicatement, les tremper dans le blanc d'œuf, puis les enrober de chapelure de gruau. Répéter l'opération deux fois par morceau. Réserver.

10. Dans une grande casserole, faire chauffer l'huile jusqu'à la température désirée. Plonger tranquillement les bouchées et frire jusqu'à ce qu'elles soient dorées. Déposer les fondues sur un papier absorbant et servir immédiatement.

PISTES HARMONIQUES DES LIQUIDES

Porto vintage (âgé)/porto tawny/sauternes/chardonnay du Nouveau Monde (boisé)/bière brune extraforte.

CARDAMOME

FROMAGE DE CHÈVRE MARINÉ À L'HUILE

ASTUCE AROMATIQUE

On ne réinvente pas la roue avec ce classique français qu'est le fromage de chèvre mariné à l'huile d'olive et aux herbes. Mais en substituant les herbes à une seule épice, on donne une piste aromatique qui nous guidera dans le choix des ingrédients de la salade d'accompagnement, tout comme dans celui des liquides harmoniques. À vous de choisir l'herbe ou l'épice qui vous offrira l'harmonie parfaite ! Ici, c'est la cardamome.

INGRÉDIENTS

187,5 ml (¾ tasse) d'huile d'olive
62,5 ml (¼ tasse) d'huile de canola
7,5 ml (1 ½ c. à thé) de poudre de cardamome verte
5 ml (2 c. à thé) de zeste de citron
125 g (4 ²/₅ oz) de fromage chèvre Le Paillot de Chèvres (la fromagerie Alexis de Portneuf), coupé en 9 rondins

PRÉPARATION

1. Dans une casserole, faire chauffer les huiles. Ajouter la poudre de cardamome et le zeste. Retirer du feu et laisser refroidir.

2. Dans un contenant hermétique, verser un peu d'huile refroidie, puis déposer les rondins de fromage. Recouvrir avec le reste de l'huile, fermer et réserver au réfrigérateur. Laisser mariner pendant au moins 24 heures avant de servir.

PISTES HARMONIQUES DES LIQUIDES

La cardamome est sur la piste du romarin, donc sur celle des vins au profil terpénique, comme le sont ceux de riesling et d'albariño (Rias Baixa en Espagne). Les bières de type india pale ale vont aussi dans ce sens aromatique, tout comme le thé blanc Bai Hao Yin Zhen 2011 Chine, aux arômes rappelant la cardamome et le riesling (!), qui peut aisément être servi température pièce ou frais (sans glaçon).

MOZZARELLA GRATINÉE « COMME UNE PIZZA » ET SEL AU CLOU DE GIROFLE

ASTUCE AROMATIQUE

Ce fromage italien est dominé par le même composé volatil que celui qui signe le sensuel et pénétrant profil du clou de girofle, tout comme du basilic thaï. Partant de cette piste, nous avons pensé poêler le fromage à cru, afin de magnifier ce profil eugénol (le nom du composé volatil du girofle). Il ne restait plus qu'à augmenter la synergie avec le basilic thaï, puis à créer d'autres versions, comme celle que nous vous proposons à la suite de celle-ci !

INGRÉDIENTS

5 ml (1 c. à thé) d'huile d'olive
2 boules de mozzarella fraîche, taillées en 8 morceaux
2,5 ml (½ c. à thé) de fleur de sel
1,25 ml (¼ c. à thé) de clou de girofle en poudre
45 ml (3 c. à soupe) de basilic thaï, haché

PRÉPARATION

1. Sur un feu moyen, faire chauffer l'huile d'olive dans une poêle antiadhésive.

2. Lorsque la poêle est chaude, déposer les morceaux de mozzarella et laisser fondre le fromage. Prendre soin de ne pas faire colorer le fromage à cette étape-ci. La mozzarella rendra beaucoup de liquide !

3. Dès que la mozzarella est fondue et recouvre la surface entière de la poêle, baisser le feu et cuire à très basse température pour laisser évaporer le liquide. Lorsque la mozzarella deviendra d'une belle couleur dorée, la retourner et faire colorer rapidement.

4. Retirer la poêle du feu pour arrêter la cuisson et laisser tiédir.

5. Dans un petit bol, mélanger la fleur de sel et le clou de girofle. Réserver.

6. Lorsque la tarte est tiède, la déposer sur un plateau de service et saupoudrer de fleur de sel au clou de girofle, ou la parsemer simplement de basilic thaï haché (ou un peu des deux !).

ASTUCE DE SERVICE

Tailler la tarte en pointes et servir en tapas avec notre recette de salsa de mangue et de betteraves jaunes grillées au clou de girofle (voir page 53).

PISTES HARMONIQUES DES LIQUIDES

Le girofle étant l'épice de la barrique, comme je l'explique en détail dans *Papilles et Molécules*, il faut donc des vins allant dans ce sens, plus particulièrement ceux d'Espagne, à base de tempranillo, tout comme ceux du Nouveau Monde, à base de pinot noir. Un généreux vin rosé de syrah fait aussi une grande synergie aromatique.

MOZZARELLA GRATINÉE « COMME UNE PIZZA », VIANDE DES GRISONS ET PIMENT D'ESPELETTE

ASTUCE AROMATIQUE

La viande des Grisons et le piment d'Espelette sont aussi au nombre des aliments complémentaires à la mozza et au girofle. Ce qui a tracé la voie à cette deuxième version « comme une pizza ».

INGRÉDIENTS

5 ml (1 c. à thé) d'huile d'olive

2 boules de mozzarella fraîche, taillées en 8 morceaux.

2,5 ml (½ c. à thé) de fleur de sel

2,5 ml (½ c. à thé) de piment d'Espelette

62,5 g (2,2 oz) de viande des Grisons, ciselée

PRÉPARATION

1. Sur un feu moyen, faire chauffer l'huile d'olive dans une poêle antiadhésive.

2. Lorsque la poêle est chaude, déposer les morceaux de mozzarella, le sel et le piment d'Espelette, et laisser fondre le fromage. Prendre soin de ne pas faire colorer le fromage à cette étape-ci. La mozzarella rendra beaucoup de liquide !

3. Dès que la mozzarella est fondue et recouvre la surface entière de la poêle, ajouter la viande des Grisons et baisser le feu. Cuire à très basse température pour laisser évaporer le liquide. Lorsque la mozzarella deviendra d'une belle couleur dorée, la retourner et la faire colorer rapidement.

4. Retirer la poêle du feu pour arrêter la cuisson et laisser tiédir.

5. Lorsque la tarte est tiède, la déposer sur un plateau de service et la tailler en pointes.

PISTES HARMONIQUES DES LIQUIDES

Exactement les mêmes propositions que pour notre recette de Balloune de mozzarella_Mc² (voir dans le livre *Les recettes de Papilles et Molécules*). Alors, servez un chardonnay boisé du Nouveau Monde ou un rouge espagnol de la Rioja, élevé longuement en barriques de chêne, en partie d'origine américaine. Vous atteindrez ainsi le nirvana harmonique !

CANNELÉS_Mc²

ASTUCE AROMATIQUE

Partant d'une idée de ma collaboratrice web, Andrea Doucet-Donida, je me suis inspiré au départ du rhum et de la vanille, deux ingrédients du classique cannelé bordelais. Puis, avec « chef Modat », nous sommes demeurés dans la même famille aromatique rhum/vanille, en optant pour l'hydromel, car Stéphane m'a appris que les cannelés d'autrefois étaient chemisés avec la cire d'abeille. Qui dit cire d'abeille dit hydromel. Puis nous avons opté pour le duo curry/érable, comme tous deux partagent le même composé aromatique dominant que l'hydromel, le rhum et la vanille.

INGRÉDIENTS

15 MOYENS OU 24 MINIS

500 ml (2 tasses) de lait 3,25 %
175 g (¾ tasse) de sucre
2 œufs
125 g (¾ tasse) de farine
30 ml (2 c. à soupe) de sirop d'érable
25 g (1 c. à soupe) de beurre
75 ml (5 c. à soupe) d'hydromel

CHEMISER LES MOULES

110 g (½ tasse) de sucre blanc
90 g (½ tasse) de cassonade
2,5 ml (½ c. à thé) de poudre de curry jaune
50 g (¼ tasse) de beurre

PRÉPARATION

1. Dans une grande casserole, faire bouillir le lait, laisser refroidir.

2. Dans un grand bol, mélanger le sucre avec les œufs, ajouter la farine petit à petit et ajouter le lait qui aura tiédi.

3. Dans une autre casserole, faire bouillir le sirop d'érable, cuire avec le beurre, laisser tiédir et ajouter au mélange.

4. Une fois que le mélange sera froid, ajouter l'hydromel.

5. Débarrasser dans un contenant hermétique et placer au réfrigérateur pendant au moins 24 heures.

6. Le lendemain, chemiser les moules, mélanger le sucre, la cassonade et le curry.

7. Dans une casserole, faire fondre le beurre.

8. Enduisez les moules à l'aide d'un pinceau.

9. Verser le mélange de sucre dans chaque moule et retourner pour enlever l'excédent.

10. Placer les moules au réfrigérateur quelques minutes pour durcir le beurre.

11. Préchauffer le four à 180 °C (350 °F).

12. Remplir les moules aux ¾ de mélange.

13. Placer sur une plaque et enfourner pendant 15 minutes.

14. Réduire la température à 150 °C (300 °F) et cuire encore 1 heure.

15. Pour vérifier la cuisson, insérer la lame d'un couteau, si elle sort propre, ils sont cuits.

Note : Réduire le temps de cuisson pour les minis cannelés.

PISTES HARMONIQUES DES LIQUIDES

Optez pour un remarquable hydromel liquoreux québécois. Aussi, vous pourriez sélectionner une tout aussi québécoise bière brune, tout comme un madère portugais ou porto tawny. Enfin, si vous êtes en mal d'originalité, surprenez vos invités avec un laiteux et onctueux saké Nigori ! Et que dire de l'union singulière avec notre recette de cocktail coco rhum brun givré curry/érable (voir page 18) ?

CANNELLE/THÉ NOIR FUMÉ

CAKE AU CHOCOLAT NOIR

ASTUCE AROMATIQUE

Le chocolat s'exprime par des composés aromatiques de même nature que ceux dominant dans la cannelle et le thé noir fumé. Il nous a suffi de les réunir en cake ! Puis d'ajouter du yogourt à la vanille, aussi dans la même piste aromatique, pour y apporter du moelleux.

INGRÉDIENTS

2,5 ml (½ c. à thé) de thé noir fumé Lapsang Souchong
2 œufs
90 g (½ tasse) de cassonade
20 g (2 c. à soupe) de farine
50 g (¼ tasse) de poudre de cacao
5 ml (1 c. à thé) de poudre à pâte
5 ml (1 c. à thé) de cannelle en poudre
45 ml (3 c. à soupe) de yogourt vanille sucré Liberté
60 g (¼ tasse) de beurre en pommade

PRÉPARATION

1. Préchauffer le four 180 °C (350 °F)

2. Dans un mortier, déposer le thé et réduire en poudre à l'aide d'un pilon ou passer au moulin à café. Réserver.

3. Dans un grand bol à mélanger, déposer les œufs et la cassonade. Faire blanchir la préparation à l'aide d'un batteur électrique.

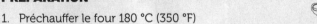

4. Au-dessus du bol contenant la première préparation, tamiser ensemble la farine, le cacao, la poudre à pâte et la cannelle, et battre à basse vitesse.

5. À l'aide d'une spatule, incorporer le yogourt, le beurre en pommade et le thé moulu. Bien mélanger.

6. Verser la préparation dans un moule à gâteau rectangulaire préalablement graissé et enfourner. Cuire environ 35 minutes*.

* Pour vérifier la cuisson, insérer la pointe d'un couteau au centre du gâteau et si elle en ressort propre, le gâteau est cuit à point.

PISTES HARMONIQUES DES LIQUIDES

Un xérès oloroso. Un banyuls ou rivesaltes réserve. Un thé noir fumé.

CAFÉ/VANILLE/FRUIT DE LA PASSION

 # CRÈME BRÛLÉE AU CAFÉ ET À LA VANILLE

ASTUCE AROMATIQUE

Partant de la piste classique des arômes de la vanille et du sucre brûlé, il y a un monde de variations « Goldberg » pour s'amuser à la Glenn Gould, aromatiquement parlant bien sûr! D'où notre dizaine de versions proposées. Celle-ci, vous pourriez aussi la servir surmontée de graines gélatineuses du fruit de la passion, qui partage le même profil que le café.

INGRÉDIENTS

1 gousse de vanille
250 ml (1 tasse) de lait 3,25 %
500 ml (2 tasses) de crème 35 %
6 jaunes d'œufs
66 g (1/3 tasse) de cassonade
7,5 ml (1 ½ c. à thé) de café instantané
75 g (3/8 tasse) de cassonade (pour le brûlage)

PRÉPARATION

1. Préchauffer le four à 150 °C (300 °F).

2. À l'aide d'un petit couteau, fendre la gousse de vanille en deux et gratter pour prélever les graines. Réserver.

3. Dans une casserole à fond épais, verser le lait et la crème, puis porter à ébullition. Retirer la casserole du feu. Ajouter la gousse et les graines de vanille ainsi que le café. Couvrir et laisser infuser pendant 5 minutes.

4. Dans un bol à mélanger, mettre les jaunes d'œufs et la cassonade, et faire blanchir en mélangeant vigoureusement à l'aide d'un fouet. Lorsque les œufs sont mousseux, verser le lait bouillant dans un chinois étamine au-dessus du mélange d'œufs. Mélanger à l'aide d'un fouet. Laisser reposer la préparation jusqu'à ce que les petites bulles se soient dissoutes.

5. Déposer des ramequins d'environ 10 cm (4 po) de diamètre dans un plat allant au four. Verser la crème dans les ramequins et verser de l'eau très chaude dans le plat contenant les ramequins jusqu'aux trois quarts de ceux-ci. Enfourner et laisser cuire environ 30 minutes*.

6. Retirer les ramequins du four et réfrigérer au moins 2 heures .

7. Au moment de servir, saupoudrer la cassonade sur les crèmes brûlées. Faire caraméliser immédiatement à l'aide d'un chalumeau ou d'un fer spécialement conçu pour les crèmes brûlées.

* La crème est cuite lorsqu'elle est ferme au toucher.

PISTES HARMONIQUES DES LIQUIDES

Sachez que le cépage petit-manseng partage un composé aromatique dominant avec le café, ce qui vous donne ici le *la* de l'harmonique avec des vins blancs liquoreux de jurançon et de pacherenc-du-vic-bilh. Un xérès oloroso serait un choix plus classique. Enfin, une liqueur de café, comme le Tia Maria, allongée de lait de soya à la vanille se montre des plus originales !

CACAO/THÉ FUMÉ

CRÈME BRÛLÉE AU CACAO
ET AU THÉ NOIR FUMÉ

ASTUCE AROMATIQUE

Les arômes de brûlé de la crème nous conduisent aussi tout droit vers les notes fumées/épicées du cacao et du thé noir fumé Lapsang Souchong, ainsi que du café (voir l'autre variation café/thé fumé). Ce qui résulte en une pénétrante et percutante crème brûlée qui ne laissera personne indifférent, à commencer par vous-même !

INGRÉDIENTS

250 ml (1 tasse) de lait 3,25 %
500 ml (2 tasses) de crème 35 %
5 ml (1 c. à thé) de thé Lapsang Souchong en feuilles
6 jaunes d'œufs
66 g (⅓ tasse) de cassonade
15 ml (1 c. à soupe) de cacao en poudre
75 g (³/₈ tasse) de cassonade (pour le brûlage)

PRÉPARATION

1. Préchauffer le four à 150 °C (300 °F).

2. Dans une casserole à fond épais, verser le lait et la crème, puis porter à ébullition. Retirer la casserole du feu. Ajouter le thé Lapsang Souchong. Couvrir et laisser infuser pendant 5 minutes.

3. Dans un bol à mélanger, mettre les jaunes d'œufs et la cassonade, et faire blanchir en mélangeant vigoureusement à l'aide d'un fouet. Lorsque les œufs sont mousseux, ajouter le cacao en poudre et mélanger, puis verser le lait bouillant dans un chinois étamine au-dessus du mélange d'œufs. Mélanger à l'aide d'un fouet. Laisser reposer la préparation jusqu'à ce que les petites bulles se soient dissoutes.

4. Déposer des ramequins d'environ 10 cm (4 po) de diamètre dans un plat allant au four. Verser la crème dans les ramequins et verser de l'eau très chaude dans le plat contenant les ramequins jusqu'aux trois quarts de ceux-ci. Enfourner et laisser cuire environ 30 minutes*.

5. Retirer les ramequins du four et réfrigérer au moins 2 heures.

6. Au moment de servir, saupoudrer la cassonade sur les crèmes brûlées. Faire caraméliser immédiatement à l'aide d'un chalumeau ou d'un fer spéciale-ment conçu pour les crèmes brûlées.

* La crème est cuite lorsqu'elle est ferme au toucher.

PISTES HARMONIQUES DES LIQUIDES

Cette variation fumée/cacaotée est le royaume des bières noires, plus particuliè-rement du type double porter fumé. Des eaux-de-vie longuement élevées en fûts de chêne américain, comme le bourbon et certains rhums de Guyane, sont aussi d'étonnants compagnons.

CAFÉ/ FRUIT DE LA PASSION

CRÈME BRÛLÉE AU CAFÉ

ASTUCE AROMATIQUE

Le café est en lien aromatique étroit avec les parfums brûlés/caramélisés du sucre brûlé de la crème. Il était donc normal de créer cette variation, que vous pourriez aussi servir surmontée de graines gélatineuses du fruit de la passion, qui partage le même profil que le café.

INGRÉDIENTS

250 ml (1 tasse) de lait 3,25 %
500 ml (2 tasses) de crème 35 %
7,5 ml (1 ½ c. à thé) de café instantané
6 jaunes d'œufs
66 g (⅓ tasse) de cassonade
75 g (⅜ tasse) de cassonade (pour le brûlage)

PRÉPARATION

1. Préchauffer le four à 150 °C (300 °F).

2. Dans une casserole à fond épais, verser le lait et la crème, puis porter à ébul-lition. Retirer la casserole du feu et ajouter le café. Couvrir et laisser infuser pendant 5 minutes.

3. Dans un bol à mélanger, mettre les jaunes d'œufs et la cassonade, et faire blanchir en mélangeant vigoureusement à l'aide d'un fouet. Lorsque les œufs sont mousseux, verser le lait bouillant dans un chinois étamine au-dessus du mélange d'œufs en mélangeant à l'aide d'un fouet. Laisser reposer la préparation jusqu'à ce que les petites bulles se soient dissoutes.

4. Déposer des ramequins d'environ 10 cm (4 po) de diamètre dans un plat allant au four. Verser la crème dans les ramequins et mettre de l'eau très chaude dans le plat contenant les ramequins jusqu'aux trois quarts de ceux-ci. Enfourner et laisser cuire environ 30 minutes*.

5. Retirer les ramequins du four et réfrigérer au moins 2 heures.

6. Au moment de servir, saupoudrer la cassonade sur les crèmes brûlées. Faire caraméliser immédiatement à l'aide d'un chalumeau ou d'un fer spécialement conçu pour les crèmes brûlées.

* La crème est cuite lorsqu'elle est ferme au toucher.

PISTES HARMONIQUES DES LIQUIDES

Le cépage petit-manseng partage un composé aromatique dominant avec le café, ce qui vous donne ici le *la* de l'harmonie avec des vins blancs liquoreux de jurançon et de pacherenc-du-vic-bilh. Un xérès oloroso serait un choix plus classique. Enfin, une liqueur de café, comme le Tia Maria, allongée de lait de soya à la vanille se montre des plus originaux ! Mais j'oubliais presque : et un café espresso bien tassé, ça vous dit ?

CRÈME BRÛLÉE AU CAFÉ ET AU CLOU DE GIROFLE

ASTUCE AROMATIQUE

Le café est au nombre des arômes que génère le chêne des barriques, tout comme le clou de girofle. Une fois ensemble, avec les notes caramélisées/brûlées du sucre qui recouvre cette crème, on obtient un cocktail aromatique explosif !

INGRÉDIENTS

4 clous de girofle
250 ml (1 tasse) de lait 3,25 %
500 ml (2 tasses) de crème 35 %
7,5 ml (1 ½ c. à thé) de café instantané
6 jaunes d'œufs
66 g (⅓ tasse) de cassonade
75 g (⅜ tasse) de cassonade (pour le brûlage)

PRÉPARATION

1. Préchauffer le four à 150 °C (300 °F).

2. Dans un mortier, déposer les clous de girofle et les réduire en poudre à l'aide d'un pilon. Réserver.

3. Dans une casserole à fond épais, verser le lait et la crème, puis porter à ébullition. Retirer la casserole du feu. Ajouter le café instantané et la poudre de clou de girofle. Couvrir et laisser infuser pendant 5 minutes.

4. Dans un bol à mélanger, mettre les jaunes d'œufs et la cassonade, et faire blanchir en mélangeant vigoureusement à l'aide d'un fouet. Lorsque les œufs sont mousseux, verser le lait bouillant dans un chinois étamine au-dessus du mélange d'œufs en mélangeant à l'aide d'un fouet. Laisser reposer la préparation jusqu'à ce que les petites bulles se soient dissoutes.

5. Déposer des ramequins d'environ 10 cm (4 po) de diamètre dans un plat allant au four. Verser la crème dans les ramequins et verser de l'eau très chaude dans le plat contenant les ramequins jusqu'aux trois quarts de ceux-ci. Enfourner et laisser cuire environ 30 minutes*.

6. Retirer les ramequins du four et réfrigérer au moins 2 heures.

7. Au moment de servir, saupoudrer la cassonade sur les crèmes brûlées. Faire caraméliser immédiatement à l'aide d'un chalumeau ou d'un fer spécialement conçu pour les crèmes brûlées.

* La crème est cuite lorsqu'elle est ferme au toucher.

PISTES HARMONIQUES DES LIQUIDES

Sur la piste du clou de girofle, il y a, entre autres, la décapante bière Aventinus « Wheat-Doppelbock ». Mais il y a aussi les vins doux naturels non muscatés et vieillis longuement en fûts, comme les vieux millésimes et les cuvées hors d'âge de Banuyls, de Maury et de Rivesaltes.

CAFÉ/THÉ FUMÉ

CRÈME BRÛLÉE AU CAFÉ ET AU LAPSANG SOUCHONG

ASTUCE AROMATIQUE

Dédoublement de notre autre variation cacao/thé noir fumé (voir page 150), où ici nous avons opté pour le café au lieu du cacao, tous deux étant sur la même piste aromatique.

INGRÉDIENTS

250 ml (1 tasse) de lait 3,25 %
500 ml (2 tasses) de crème 35 %
7,5 ml (1 ½ c. à thé) de café instantané
5 ml (1 c. à thé) de thé Lapsang Souchong en feuilles

6 jaunes d'œufs
66 g (⅓ tasse) de cassonade
75 g (⅜ tasse) de cassonade (pour le brûlage)

PRÉPARATION

1. Préchauffer le four à 150 °C (300 °F).

2. Dans une casserole à fond épais, verser le lait et la crème, puis porter à ébullition. Retirer la casserole du feu. Ajouter le café instantané et le thé Lapsang Souchong. Couvrir et laisser infuser pendant 5 minutes.

3. Dans un bol à mélanger, mettre les jaunes d'œufs et la cassonade, et faire blanchir en mélangeant à l'aide d'un fouet. Lorsque les œufs sont mousseux, verser le lait bouillant dans un chinois étamine au-dessus du mélange d'œufs en mélangeant à l'aide d'un fouet. Laisser reposer la préparation jusqu'à ce que les petites bulles se soient dissoutes.

4. Déposer des ramequins d'environ 10 cm (4 po) de diamètre dans un plat allant au four. Verser la crème dans les ramequins et verser de l'eau très chaude dans le plat contenant les ramequins jusqu'aux trois quarts des ceux-ci . Enfourner et laisser cuire environ 30 minutes*.

5. Retirer les ramequins du four et réfrigérer au moins 2 heures.

6. Au moment de servir, saupoudrer la cassonade sur les crèmes brûlées. Faire caraméliser immédiatement à l'aide d'un chalumeau ou d'un fer spécialement conçu pour les crèmes brûlées.

* La crème est cuite lorsqu'elle est ferme au toucher.

PISTES HARMONIQUES DES LIQUIDES

Osez un pénétrant thé noir fumé Lapsang Souchong, tout comme une bière noire, de type stout, donc aux relents de café et de fumée marqués. Un cognac de noble origine, passablement âgé, fait aussi une vibrante synergie, tout comme un porto tawny de 20 ans et plus.

CAFÉ/FRANGELICO/NOISETTE

CRÈME BRÛLÉE AU CAFÉ ET AU FRANGELICO

ASTUCE AROMATIQUE

La noisette est au nombre des pistes aromatiques que le profil du café nous dicte. Qui dit noisette dit aussi liqueur Frangelico ! Osez aussi saupoudrer sur cette crème, juste après avoir brûlé le sucre, des noisettes finement concassées.

INGRÉDIENTS

250 ml (1 tasse) de lait 3,25 %
500 ml (2 tasses) de crème 35 %
7,5 ml (1 ½ c. à thé) de café instantané
6 jaunes d'œufs

66 g (¹/₃ tasse) de cassonade
30 ml (2 c. à soupe) de Frangelico
75 g (³/₈ tasse) de cassonade (pour le brûlage)

PRÉPARATION

1. Préchauffer le four à 150 °C (300 °F).
2. Dans une casserole à fond épais, verser le lait et la crème, puis porter à ébullition. Retirer la casserole du feu. Ajouter le café instantané. Couvrir et laisser infuser pendant 5 minutes.
3. Dans un bol à mélanger, verser les jaunes d'œufs et la cassonade, et faire blanchir en mélangeant vigoureusement à l'aide d'un fouet. Lorsque les œufs sont mousseux, verser le lait bouillant dans un chinois étamine au-dessus du mélange d'œufs en mélangeant à l'aide d'un fouet. Ajouter ensuite le Frangelico. Mélanger doucement et laisser reposer la préparation jusqu'à ce que les petites bulles se soient dissoutes.
4. Déposer des ramequins d'environ 10 cm (4 po) de diamètre dans un plat allant au four. Verser la crème dans les ramequins et mettre de l'eau très chaude dans le plat contenant les ramequins jusqu'aux trois quarts de ceux-ci. Enfourner et laisser cuire environ 30 minutes*.
5. Retirer les ramequins du four et réfrigérer au moins 2 heures.
6. Au moment de servir, saupoudrer la cassonade sur les crèmes brûlées. Faire caraméliser immédiatement à l'aide d'un chalumeau ou d'un fer spécialement conçu pour les crèmes brûlées.

* La crème est cuite lorsqu'elle est ferme au toucher.

PISTES HARMONIQUES DES LIQUIDES

Pourquoi pas un café espresso! Mais aussi les xérès de type amontillado et oloroso, sans oublier les madères de type bual et malsey, on ne peut plus noisettés.

AMARETTO/CURRY/ÉRABLE

CRÈME BRÛLÉE À L'ÉRABLE ET CURRY ET CARAMEL À L'AMARETTO

ASTUCE AROMATIQUE

Comme vous le savez sûrement maintenant, l'érable et le curry partagent un important composé aromatique qui crée une puissante synergie aromatique lorsqu'ils sont rassemblés. L'amande étant aussi sur la même piste, il ne manquait que l'amaretto pour compléter le tableau. Enfin, amusez-vous à ajouter sur le dessus de la crème brûlée un concassé très fin de noix (presque une poudre de noix), juste avant de servir, question de renforcer encore plus la synergie, tout en donnant de la texture à la crème.

INGRÉDIENTS

250 ml (1 tasse) de lait 3,25 %

500 ml (2 tasses) de crème 35 %

5 ml (1 c. à thé) de pâte de curry (ou ½ c. à thé curry en poudre)

6 jaunes d'œufs

75 ml (⅓ tasse) de sucre d'érable

75 g (⅜ tasse) de cassonade (pour le brûlage)

15 ml (1 c. à soupe) d'amaretto (pour le brûlage)

PRÉPARATION

1. Préchauffer le four à 150 °C (300 °F).
2. Dans une casserole à fond épais, verser le lait et la crème, puis porter à ébullition. Retirer la casserole du feu et ajouter le curry. Couvrir et laisser infuser pendant 5 minutes.
3. Dans un bol à mélanger, verser les jaunes d'œufs et le sucre d'érable. Faire blanchir en mélangeant vigoureusement à l'aide d'un fouet. Lorsque les œufs sont mousseux, verser le lait bouillant dans un chinois étamine au-dessus du mélange d'œufs en mélangeant à l'aide d'un fouet. Laisser reposer la préparation jusqu'à ce que les petites bulles se soient dissoutes.
4. Déposer des ramequins d'environ 10 cm (4 po) de diamètre dans un plat allant au four. Verser la crème dans les ramequins et verser de l'eau très chaude dans un plat contenant les ramequins jusqu'aux trois quarts de ceux-ci. Enfourner et laisser cuire environ 30 minutes*.
5. Retirer les ramequins du four et réfrigérer au moins 2 heures.
6. Au moment de servir, mélanger la cassonade et l'amaretto dans un petit bol, puis saupoudrer sur les crèmes brûlées. Faire caraméliser immédiatement à l'aide d'un chalumeau ou d'un fer spécialement conçu pour les crèmes brûlées.

* La crème est cuite lorsqu'elle est ferme au toucher.

PISTES HARMONIQUES DES LIQUIDES

Un amaretto, allongé d'un lait d'amande ou de sésame crée l'étonnement et la satisfaction chez vos convives. Côté vins, optez soit pour un sauternes, soit pour un tokaji aszú 4 ou 5 *puttonyos*.

CRÈME BRÛLÉE AU SAFRAN

ASTUCE AROMATIQUE

Contrairement à nos autres variations aromatiques de crème brûlée, pour celle-ci nous nous sommes inspirés de la crème, et non du sucre brûlé. Ce qui nous a mis sur la piste du safran, résultant en une crème plus que parfumée et prenante.

INGRÉDIENTS

250 ml (1 tasse) de lait 3,25 %
500 ml (2 tasses) de crème 35 %
1 pincée de pistils de safran
Zeste de 1 orange
6 jaunes d'œufs
75 g (1/3 tasse) de sucre blanc
75 g (3/8 tasse) de cassonade (pour le brûlage)

PRÉPARATION

1. Préchauffer le four à 150 °C (300 °F).

2. Dans une casserole à fond épais, verser le lait et la crème, puis porter à ébullition. Retirer la casserole du feu. Ajouter le safran et le zeste d'orange. Couvrir et laisser infuser pendant 5 minutes.

3. Dans un bol à mélanger, verser les jaunes d'œufs et le sucre, et faire blanchir en mélangeant vigoureusement à l'aide d'un fouet. Lorsque les œufs sont mousseux, verser le lait bouillant dans un chinois étamine au-dessus du mélange d'œufs en mélangeant à l'aide d'un fouet. Laisser reposer la préparation jusqu'à ce que les petites bulles se soient dissoutes.

4. Déposer des ramequins d'environ 10 cm (4 po) de diamètre dans un plat allant au four. Verser la crème dans les ramequins et mettre de l'eau très chaude dans le plat contenant les ramequins jusqu'aux trois quarts de ceux-ci. Enfourner et laisser cuire environ 30 minutes*.

5. Retirer les ramequins du four et réfrigérer au moins 2 heures.

6. Au moment de servir, saupoudrer la cassonade sur les crèmes brûlées. Faire caraméliser immédiatement à l'aide d'un chalumeau ou d'un fer spécialement conçu pour les crèmes brulées.

* La crème est cuite lorsqu'elle est ferme au toucher.

PISTES HARMONIQUES DES LIQUIDES

Le thé vert sencha, tout comme le Gyokuro, est sur la même piste que le safran. Ce qui est aussi le cas des vins blancs de vendanges tardives, à base de riesling ou de sauvignon blanc. Enfin, un vin rosé du Nouveau Monde, passablement généreux, fera sourire vos invités !

CRÈME BRÛLÉE AU THÉ EARL GREY

ASTUCE AROMATIQUE

Nous sommes passés par quatre chemins pour parvenir à cette variation, mais comme tous les chemins mènent à Rome ! C'est que l'idée du safran que nous avons utilisé pour la version au safran (voir page 157), nous a mis sur la piste du thé Earl Grey, dont la bergamote qui est de la même famille aromatique que le safran, la reine des épices.

INGRÉDIENTS

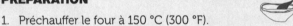

250 ml (1 tasse) de lait 3,25 %

500 ml (2 tasses) de crème 35 %

5 ml (1 c. à thé) de thé Earl Grey en feuilles

Zeste de 1 citron

6 jaunes d'œufs

75 g (1/3 tasse) de sucre blanc

75 g (3/8 tasse) de cassonade (pour le brûlage)

PRÉPARATION

1. Préchauffer le four à 150 °C (300 °F).

2. Dans une casserole à fond épais, verser le lait et la crème, puis porter à ébullition. Retirer la casserole du feu. Ajouter le thé Earl Grey et le zeste de citron. Couvrir et laisser infuser pendant 5 minutes.

3. Dans un bol à mélanger, mettre les jaunes d'œufs et le sucre, et faire blanchir en mélangeant vigoureusement à l'aide d'un fouet. Lorsque les œufs sont mousseux, verser le lait bouillant dans un chinois étamine au-dessus du mélange d'œufs en mélangeant à l'aide d'un fouet. Laisser reposer la préparation jusqu'à ce que les petites bulles se soient dissoutes.

4. Déposer des ramequins d'environ 10 cm (4 po) de diamètre dans un plat allant au four. Verser la crème dans les ramequins et verser de l'eau très chaude dans le plat contenant les ramequins jusqu'aux trois quarts de ceux-ci. Enfourner et laisser cuire environ 30 minutes*.

5. Retirer les ramequins du four et réfrigérer au moins 2 heures.

6. Au moment de servir, saupoudrer la cassonade sur les crèmes brûlées. Faire caraméliser immédiatement à l'aide d'un chalumeau ou d'un fer spécialement conçu pour les crèmes brûlées.

* La crème est cuite lorsqu'elle est ferme au toucher.

PISTES HARMONIQUES DES LIQUIDES

Les vins blancs de vendanges tardives, à base de riesling ou de sauvignon blanc, résonnent fort avec la bergamote. Et bien sûr que vous pourriez servir à votre grand-maman une tasse de thé Earl Grey (et à vous aussi !).

CRÈME PÂTISSIÈRE AU LAIT DE COCO ET SCOTCH

ASTUCE AROMATIQUE

Du sur-mesure pour entrer en synergie aromatique avec nos desserts d'abricot, de pêche ou de pacane ! Pourquoi au juste ? Parce que ce sont tous des aliments de même famille aromatique que le lait de coco et le scotch.

INGRÉDIENTS

300 ml (1 ⅕ tasse) de lait 3,25 %
250 ml (1 tasse) de lait de coco
4 jaunes d'œufs
60 g (¼ tasse) de cassonade
40 g (2 ½ c. à soupe) de farine
22,5 ml (1 ½ c. à soupe) de scotch

PRÉPARATION

1. Dans une casserole à fond épais, verser le lait et le lait de coco. Porter à ébullition.

2. Dans un bol à mélanger, verser les jaunes d'œufs et la cassonade. Blanchir en brassant vigoureusement à l'aide d'un fouet. En fouettant, ajouter la farine, petit à petit, et verser le scotch.

3. Verser la préparation de lait bouillant, petit à petit, en continuant de fouetter.

4. Verser la préparation dans la casserole et laisser chauffer à feu doux en fouettant constamment pour empêcher la préparation de coller au fond de la casserole. Laisser épaissir quelques minutes. Retirer du feu.

5. Verser la crème pâtissière dans un contenant hermétique. Déposer une pellicule plastique directement sur la crème pour empêcher que ne se forme une petite peau sur le dessus. Fermer et réserver au réfrigérateur.

PISTES HARMONIQUES DES LIQUIDES

Les vins blancs liquoreux élevés en barriques, qu'ils soient sauternes ou tokaji aszú, ainsi que les portos de type tawny et les madères de type bual et malmsey. De façon plus iconoclaste, un rhum brun âgé, un bourbon ou un scotch pur malt.

CROUSTADE D'ABRICOT, LAVANDE ET MUSCAT

ASTUCE AROMATIQUE

L'abricot étant dans la famille des lactones, il faut alors s'amuser aussi avec les aliments de cette famille, comme les pacanes, qui pourraient ici être râpées juste avant le service. Pêche, scotch et sirop d'érable sont aussi sur la même piste.

INGRÉDIENTS

CRUMBLE

100 g (²/₅ tasse) de copeaux de noix de coco grillée
100 g (⁷/₈ tasse) de farine
100 g (½ tasse) de beurre froid, taillé en cubes
100 g (½ tasse) de cassonade
62,5 ml (¼ tasse) de sirop d'érable

ABRICOTS SECS RÔTIS À LA LAVANDE ET MUSCAT

20 abricots secs
62,5 ml (¼ tasse) de muscat de Rivesaltes
50 g (¼ tasse) de beurre salé
90 ml (6 c. à soupe) de miel de menthe d'Anicet (miel biologique du Québec)
5 ml (1 c. à thé) de pistils de lavande

PRÉPARATION

1. **Préparer le crumble.** Dans le bol d'un robot culinaire, déposer les copeaux de noix de coco grillée et pulser pour les réduire en poudre.

2. Ajouter la farine, les cubes de beurre, la cassonade et le sirop d'érable. Pulser pour obtenir la consistance d'un sable à gros grains.

3. **Préparer les abricots secs.** Déposer les abricots dans un bol à mélanger, puis verser le muscat. Recouvrir d'une pellicule plastique et laisser mariner pendant au moins 12 heures.

4. Préchauffer le four à 160 °C (325 °F).

5. Égoutter les abricots en réservant le muscat.

6. Dans une poêle, déposer le beurre et le laisser fondre doucement. Lorsqu'il commence à mousser, déposer les abricots et le miel, et cuire pendant 5 minutes. Déglacer avec le muscat, cuire de nouveau pour obtenir un beau sirop. Ajouter la lavande.

7. Dans un plat allant au four, déposer les abricots, puis parsemer du crumble. Enfourner et cuire pendant 25 minutes

8. Au moment de servir, arroser chaque portion de sirop d'érable. Ajouter des pacanes râpées, et dégustez !

PISTES HARMONIQUES DES LIQUIDES

« Pardi, un muscat ! » Mais il se doit d'être doux et évolué, et idéalement *passito*, donc marqué par des notes de fruits plus confits, d'épices et de miel.

SAFRAN/RAISIN MUSCAT/LAVANDE

CROUSTADE DE POMMES JAUNES AU SAFRAN

ASTUCE AROMATIQUE

Cette fois-ci, en plus du miel de lavande, comme dans notre autre version de croustade aux figues, nous avons multiplié la synergie aromatique en ajoutant le safran et les raisins muscats, tous deux aussi de même profil aromatique que la pomme jaune.

INGRÉDIENTS

CRUMBLE

100 g (⁷/₈ tasse) de farine
100 g (²/₅ tasse) de beurre froid, taillé en cubes
100 g (½ tasse) de cassonade
250 ml (1 tasse) de flocons d'avoine

GARNITURE

6 belles pommes jaunes (Golden Delicious), épluchées, en cubes
62,5 ml (¼ tasse) de miel de lavande
1 pincée de pistils de safran
Zeste et jus de ½ pamplemousse rose
125 ml (½ tasse) de raisins muscats secs

PRÉPARATION

1. **Préparer le crumble.** Dans le bol d'un robot culinaire, déposer la farine, le beurre, la cassonade et les flocons d'avoine. Pulser pour obtenir la consistance d'un sable à gros grains.

2. **Préparer la garniture.** Préchauffer le four à 190 °C (375 °F). Déposer les pommes dans un bol à mélanger. Ajouter le miel, les pistils de safran, le jus et le zeste de pamplemousse. Mélanger. Ajouter les raisins et mélanger à nouveau. Réserver.

3. Dans un plat, déposer une fine couche uniforme de crumble. Aouter le mélange de pommes et parsemer le dessus avec le crumble restant. Enfourner et cuire environ 35 minutes.

4. Laisser tiédir la croustade avant de la servir.

PISTES HARMONIQUES DES LIQUIDES

En suivant la piste de la pomme jaune, et de ses aliments complémentaires (lavande, safran, raisins muscats), il vous faut ici aussi, comme pour la croustade aux figues, servir un vin doux naturel à base de muscat. Le catalyseur harmonique étant le trio lavande/safran/raisins muscat, au-delà de la pomme jaune.

LAVANDE/MARMELADE/THÉ EARL GREY

 # FIGUES AU MIEL DE LAVANDE

ASTUCE AROMATIQUE

Lavande et figue ne font qu'un, tant le composé aromatique dominant dans chacun d'eux en fait presque des jumeaux! La marmelade et le thé Earl Grey (qui est à base de bergamote) vont aussi dans la même direction aromatique.

INGRÉDIENTS

1 litre (4 tasses) d'eau
95 ml (1 c. à thé) de thé Earl Grey sec
454 g (1 lb) de figues séchées, équeutées
200 g (¾ tasse) de marmelade d'orange
150 ml (²/₅ tasse) de miel de lavande
60 ml (¼ tasse) d'eau de trempage des figues

PRÉPARATION

1. Dans une casserole, faire bouillir l'eau. Retirer du feu et ajouter les feuilles de thé Earl Grey.
2. Plonger les figues dans l'eau chaude parfumée au thé et les laisser gonfler pendant 30 minutes.
3. Une fois les figues réhydratées, les sortir de l'eau et les couper en 4.
4. Dans une autre casserole, mettre la marmelade d'orange, le miel et ¼ de tasse d'eau de trempage au thé, puis porter à ébullition. Ajouter les figues et cuire à feu doux pendant 45 minutes, en remuant à l'aide d'une cuillère en bois, jusqu'à ce que la préparation épaississe.
5. Réserver dans un contenant jusqu'à complet refroidissement. Couvrir et placer au réfrigérateur.

 ### PISTES HARMONIQUES DES LIQUIDES

« A cup of tea? » Oui, c'est le moment de servir un thé Earl Grey! Mais aussi un xérès de type fino, tout comme un riesling, qu'il soit sec ou avec sucres résiduels.

GÂTEAU AU CHOCOLAT SANS FARINE

ASTUCE AROMATIQUE

Multiples sont les aliments de même nature aromatique que le chocolat, dont le café, la cannelle et la vanille. Mais il y a aussi les arachides grillées, que vous pourriez servir concassées dessous comme dessus ce gâteau. Sans oublier notre recette de *pop-corn* au «goût de bacon et cacao» (voir page 43) qui, aussi de même profil, fait un effet bœuf avec le chocolat !

INGRÉDIENTS

1 tasse d'espresso très serré
6 œufs
200 g (7 oz) de chocolat noir (pépites ou pistoles)
120 g (3/5 tasse) de beurre non salé
1 gousse de vanille
75 g (3/8 tasse) de cassonade
5 ml (1 c. à thé) de cannelle en poudre
Le zeste de ½ citron

PRÉPARATION

1. Préchauffer le four à 180 °C (350 °F).
2. Beurrer et fariner un moule à gâteau et réserver.
3. Couler une tasse d'espresso et laisser refroidir sur le comptoir.
4. Séparer les jaunes d'œufs des blancs et réserver dans deux bols à mélanger.
5. Dans un bol à mélanger en verre, déposer le chocolat et le beurre.
6. Faire frémir un peu d'eau dans une casserole pour préparer un bain-marie. Y déposer le bol contenant le chocolat et le beurre, et laisser fondre*. Lorsque la préparation est fondue, remuer tranquillement pour bien mélanger le beurre et le chocolat.
7. À l'aide de la pointe d'un petit couteau, fendre la gousse de vanille en deux dans le sens de la longueur, puis gratter chaque moitié avec la pointe du couteau pour en extraire les graines. Réserver.
8. Dans le bol contenant les jaunes d'œufs, ajouter la cassonade et bien mélanger à l'aide d'un fouet pour blanchir la préparation. Ajouter, la cannelle en poudre, les graines de vanille, l'espresso et le zeste de citron. Bien mélanger la préparation et réserver.
9. À l'aide d'une spatule, plier le chocolat dans la préparation d'œufs**.
10. À l'aide d'un batteur à main, monter les blancs d'œufs en neige serrée.
11. Incorporer les blancs d'œufs montés en neige dans la préparation de chocolat en prenant soin de ne pas trop mélanger pour que les blancs ne s'affaissent pas.
12. Verser la préparation à gâteau dans le moule, puis enfourner. Cuire 17 minutes***.
13. Laisser refroidir le gâteau quelque peu avant de le servir.

* Il est important que l'eau ne touche pas le fond du bol de verre pour éviter d'introduire de l'eau dans le chocolat.

** Il est important de tempérer la préparation. Incorporer une petite quantité de la préparation de jaunes d'œufs dans le chocolat, puis incorporer le chocolat à la préparation. Vous préviendrez ainsi la cuisson des jaunes d'œufs.

*** Pour vérifier la cuisson : insérer la pointe d'un couteau au centre du gâteau et si elle en ressort propre, le gâteau est cuit à point.

PISTES HARMONIQUES DES LIQUIDES

C'est le royaume des vins doux naturels non muscatés et longuement vieillis, comme le sont les cuvées hors d'âge ou les vieux millésimes des vins d'appellation Banyuls, Maury et Rivesaltes. Les madères de type bual et malmsey abondent aussi dans cette direction.

LITCHIS À L'EAU DE ROSE

ASTUCE AROMATIQUE

Je ne vous apprends rien en vous disant que les litchis sentent à plein la rose ! Tout comme les vins blancs de gewurztraminer embaument le litchi et la rose aussi. Les rassembler dans une recette, avec, comme point d'orgue, des graines de coriandre – qui sont de même famille aromatique que ces ingrédients floraux –, complète le bouquet. Enfin, vous pourriez même y ajouter un doigt de Campari, lui aussi de même profil aromatique, ce qui transformerait cette création en « dessert-cocktail ». À moins de vous inventer un vrai cocktail apéritif à base de Campari/eau de rose/graines de coriandre/litchi ! ?

INGRÉDIENTS

1 boîte de litchis dans le sirop
Le zeste de ½ orange
10 ml (2 c. à thé) de graines de coriandre
45 ml (3 c. à soupe) d'eau de rose

PRÉPARATION

1. Verser la boîte de litchis dans un chinois. Réserver le sirop.
2. Tailler les litchis en deux et réserver.
3. Blanchir le zeste d'orange à l'eau bouillante et le refroidir aussitôt.
4. Dans une poêle, faire torréfier les graines de coriandre à feu moyen jusqu'à ce qu'elles relâchent leur arôme.
5. Dans un mortier, déposer les graines de coriandre torréfiées et concasser à l'aide d'un pilon. Réserver.

6. Dans une casserole, verser le sirop de litchi et porter à ébullition. Retirer la casserole du feu et ajouter les graines de coriandre concassées et le zeste d'orange. Laisser infuser.

7. Lorsque le sirop est froid, ajouter l'eau de rose, puis passer au chinois étamine.

8. Déposer les litchis dans un pot Masson et y verser le sirop froid. Laisser macérer pendant 4 à 5 jours.

PISTES HARMONIQUES DES LIQUIDES

Un vin de gewurztraminer, qu'il soit sec ou moelleux, tout comme un vin de muscat. Et pourquoi pas un Campari allongé de soda!?

GINGEMBRE/CARDAMOME/CITRON/THÉ EARL GREY

PÊCHES CONFITES POUR PAVLOVA

ASTUCE AROMATIQUE

La bergamote du thé Earl Grey, la cardamome, le citron, l'eau de rose et le pamplemousse rose de cette recette sont tous sur la piste aromatique du gingembre. L'idée, ici, contrairement à notre autre version à base de mangue (voir page 166), est de transformer le gène de saveur dominant dans le Pavlova, sans changer la classique pêche qui le compose. Moderniser un classique en demeurant dans une zone de confort!

INGRÉDIENTS

220 g (1 tasse) de sucre
750 ml (3 tasses) d'eau
2,5 ml (½ c. à thé) de thé Earl Grey en feuilles
15 ml (1 c. à soupe) d'eau de rose
Jus d'un pamplemousse rose
30 g (2 c. à soupe) de zeste de pamplemousse rose
Jus de ½ citron
2 grains de cardamome verte
15 ml (1 c. à soupe) de gingembre frais râpé
10 pêches jaunes mûres, épluchées et taillées en quartiers

PRÉPARATION

1. Préchauffer le four à 180 °C (350 °F).

2. Dans une grande casserole, mettre le sucre et l'eau, mélanger à l'aide d'un fouet et porter à ébullition. Ajouter les autres ingrédients et réduire du tiers. Retirer du feu et réserver.

3. Placer les quartiers de pêches dans un plat allant au four. Verser le sirop chaud dessus.

4. Recouvrir le plat d'une feuille de papier aluminium. Mettre au four pendant 45 minutes ou jusqu'à ce que le sirop soit bien réduit.

5. Réserver pour la confection du Pavlova.

PISTES HARMONIQUES DES LIQUIDES

Suivez les mêmes recommandations que dans notre recette de mangues confites pour Pavlova (voir ci-dessous).

GINGEMBRE/CITRONNELLE/EAU DE ROSE/PAMPLEMOUSSE ROSE

MANGUES CONFITES POUR PAVLOVA

ASTUCE AROMATIQUE

Ici, nous sommes partis sur la piste du gingembre, qui nous a permis de changer la traditionnelle pêche du Pavlova pour la mangue, puis de voguer vers d'autres ingrédients complémentaires au gingembre, comme le sont l'eau de rose, le thé Earl Grey, le pamplemousse rose, le citron, la cardamome, la citronnelle et le romarin. Ce qui résulte en un condiment de Pavlova dans l'univers aromatique du gingembre.

INGRÉDIENTS

2,5 ml (½ c. à thé) de thé Earl Grey
750 ml (3 tasses) d'eau
220 g (⅞ tasse) de sucre
15 ml (1 c. à soupe) d'eau de rose
Le jus d'un pamplemousse rose
Les zestes d'un demi-pamplemousse
Le jus d'un demi-citron jaune
2 graines de cardamome verte
15 ml (1 c. à soupe) de gingembre frais râpé
15 ml (1 c. à soupe) de citronnelle fraîche, hachée
5 ml (1 c. à thé) de feuilles de romarin frais hachées
4 mangues mûres, taillées en gros cubes

PRÉPARATION

1. Préchauffer le four à 180 °C (350 °F).
2. **Préparer le sirop.** Dans une grande casserole, mettre l'eau et le sucre, mélanger à l'aide d'un fouet et porter à ébullition. Ajouter les autres ingrédients et faire frémir pour réduire le volume du tiers. Retirer du feu et réserver.
3. Placer les cubes de mangues dans un plat allant au four. Verser le sirop chaud.
4. Recouvrir le plat d'une feuille de papier aluminium. Mettre au four pendant 25 minutes. Laisser refroidir dans le sirop.
5. Réserver pour la confection du Pavlova.

PISTES HARMONIQUES DES LIQUIDES

La piste du gingembre donne celle du gewurztraminer et du muscat. Aussi, comme la mangue est au cœur de l'affaire, les vins blancs liquoreux de Jurançon et de Sauternes sont aussi éclatants sur cette composition.

MERINGUE POUR PAVLOVA

ASTUCE AROMATIQUE

Question de demeurer dans l'univers aromatique du gingembre et de la mangue, dont la piste a été donnée par notre accompagnement de mangues confites pour Pavlova (à la page 166), nous avons parfumé cette meringue à Pavlova avec la lavande et le jasmin.

INGRÉDIENTS

150 g (5 unités) de blancs d'œufs
280 g (1 ¼ tasse) de sucre en poudre
Jus de ½ citron
15 ml (1 c. à soupe) de farine tamisée
5 ml (1 c. à thé) de lavande
5 ml (1 c. thé) de thé au jasmin ou 2 graines de cardamome verte, en poudre

PRÉPARATION

1. Préchauffer le four à 100 °C (215 °F).
2. Préparer une casserole d'eau bouillante pour faire un bain-marie.
3. Dans un bol, mettre les blancs d'œufs, le sucre et le jus de citron. Battre au fouet électrique à puissance maximale au-dessus du bain-marie.
4. Retirer la meringue lorsque la préparation est bien mousseuse et chaude au toucher. Battre jusqu'à ce que le mélange soit froid et bien monté.
5. Ajouter la farine en pluie, le romarin et la lavande. Mélanger à l'aide d'une spatule.
6. Sur une plaque à pâtisserie recouverte d'un papier sulfurisé, faire un disque avec la meringue à l'aide d'une poche à douille, d'une épaisseur de 2 à 2,5 cm (¾ à 1 po).
7. Ajouter un liseré de meringue sur le pourtour du disque pour faire des rebords, soit à la douille cannelée ou à la spatule.
8. Enfourner et cuire pendant au moins 1 heure 30 minutes. La meringue doit rester bien blanche, croustillante et tendre à l'intérieur. Une fois qu'elle sera froide, placer dans une boîte hermétique.

PISTES HARMONIQUES DES LIQUIDES

La piste aromatique ici est celle du gewurztraminer et du muscat.

MOELLEUX AUX NOIX, AU CAFÉ ET À LA CASSONADE

ASTUCE AROMATIQUE

Vanille et cassonade sont la piste des noix, tandis que la cannelle, les noix et la vanille suivent le chemin aromatique du café, tout comme d'ailleurs le sésame grillé, l'arachide grillée, le maïs soufflé, le chocolat noir à plus de 85 % cacao et le miso. À vous d'être inspiré ?

INGRÉDIENTS

125 g (³/₅ tasse) de beurre en pommade
75 g (½ tasse) de poudre de noix
150 g (¾ tasse) de cassonade
2,5 ml (½ c. à thé) de cannelle
2 œufs
5 ml (1 c. à thé) de café instantané
1 gousse de vanille, grattée
80 ml (¹/₃ tasse) de yogourt nature Liberté
125 g (1 ¹/₈ tasse) de farine tamisée
50 g (½ tasse) de noix concassées

PRÉPARATION

1. Préchauffer le four à 180 °C (350 °F).
2. Dans un bol à mélanger, déposer le beurre et la poudre de noix, et mélanger à l'aide d'un fouet.
3. Incorporer la cassonade et la cannelle.
4. Tout en fouettant continuellement, ajouter les œufs, le café instantané, la gousse de vanille et le yogourt.
5. Incorporer la farine tamisée et mélanger jusqu'à l'obtention d'une préparation bien homogène.
6. À l'aide d'une spatule, incorporer les noix concassées.
7. Verser la préparation dans de petits moules individuels en silicone (ou autre).
8. Déposer les moules sur une plaque à biscuits et enfourner*.

* Le temps de cuisson dépendra de la grandeur des moules choisis.

PISTES HARMONIQUES DES LIQUIDES

Ce trio nous conduit sur la piste des vins dotés d'une légère oxydation ménagée, comme l'est généralement le vin santo, ainsi que le tokaji aszú et, à tout coup, le xérès oloroso et le pedro ximénez.

MOUSSE AU CHOCOLAT ET CARAMEL AU SIROP D'ÉRABLE ET BEURRE SALÉ

ASTUCE AROMATIQUE

Caramel, érable, chocolat, même combat aromatique ! Nous avons aussi subtilement ajouté de la cannelle, sur la même piste que le chocolat, car elle a le pouvoir, en dose infinitésimale, de donner de la longueur aux saveurs.

INGRÉDIENTS

3 œufs
75 g (¹⁄₃ tasse) de sucre
30 ml (2 c. à soupe) d'eau
30 ml (2 c. à soupe) de sirop d'érable
30 g (2 c. à soupe) de beurre salé
200 ml (⁵⁄₆ tasse) de crème 35 %
200 g (7 oz) de chocolat noir (pépites ou pistoles)
5 ml (1 c. à thé) de cannelle en poudre

PRÉPARATION

1. Séparer les blancs et les jaunes d'œufs. Réserver dans deux bols.

2. **Préparer le caramel.** Dans une casserole à fond épais, verser le sucre, l'eau, le sirop et porter à ébullition. Une fois que le caramel est prêt, retirer la casserole du feu, puis incorporer le beurre et la crème. Remettre la casserole sur le feu et faire chauffer de nouveau pour obtenir une sauce lisse. Retirer du feu et laisser refroidir un peu. Ajouter le chocolat et bien mélanger. Laisser refroidir.

3. Lorsque la préparation est tiède, incorporer les jaunes d'œufs et la cannelle en poudre.

4. À l'aide d'un batteur à main, monter les blancs en neige.

5. À l'aide d'une spatule, plier les blancs en neige dans le mélange de chocolat. Verser la mousse dans des verrines et réfrigérer pendant 4 à 5 heures.

ASTUCES DE SERVICE

Vous pouvez servir la mousse au chocolat avec nos amandes pralinées cacao/cannelle (voir page 25). Il est aussi possible de parsemer la surface de copeaux de noix de coco grillés.

PISTES HARMONIQUES DES LIQUIDES

Bière brune/xérès amontillado et oloroso/porto tawny/madère bual et malmsey/rhum brun âgé/bourbon.

MOUSSE AU CHOCOLAT, ORANGE CONFITE ET GRAINES DE CORIANDRE

ASTUCE AROMATIQUE

Deuxième version de mousse au chocolat, et ixième variation autour du duo l'orange/graines de coriandre, le cacao étant sur la piste de l'orange...

INGRÉDIENTS

150 g (5 oz) de chocolat noir

30 g (2 c. à soupe) de marmelade d'orange à la coriandre (voir page 206)

25 g (1/8 tasse) de beurre

4 œufs

1 pincée de sel fin

Graines de coriandre grillées

PRÉPARATION

1. À l'aide d'un couteau de chef, concasser le chocolat noir et réserver.

2. Hacher la marmelade d'orange et réserver.

3. Préparer un bain-marie, verser un fond d'eau dans une casserole et porter à ébullition. Dès que l'eau atteint le point d'ébullition, baisser le feu.

4. Dans un grand bol à mélanger en métal ou en verre, déposer le chocolat et le beurre. Placer le bol sur le bain-marie et laisser fondre le chocolat à feu très doux.

5. Séparer les blancs d'œufs des jaunes. Réserver.

6. Dans un bol à mélanger, verser les blancs d'œufs et ajouter une petite pincée de sel fin. À l'aide d'un batteur électrique, monter les blancs en neige.

7. Ajouter les jaunes au chocolat fondu en remuant à l'aide d'un fouet. Incorporer la marmelade d'orange aux graines de coriandre. À l'aide d'une spatule, incorporer très délicatement les blancs en neige.

8. Dresser dans des coupes. Former de belles quenelles à l'aide de deux cuillères et servir dans de petits bols.

PISTES HARMONIQUES DES LIQUIDES

La piste du duo orange/graine de coriandre de ce mousseux au chocolat nous dirige vers un vin doux naturel de muscat, mais passablement évolué, comme le sont certains muscats italiens de type passito, ainsi que d'autres australiens.

PAIN D'ÉPICES

ASTUCE AROMATIQUE

À partir d'un classique pain d'épices français, nous avons ajouté le sirop d'érable, puis nous sommes partis sur sa piste aromatique avec la réglisse, le curry, la noix de coco... Et pourquoi pas le transformer en une version pour « homme » avec scotch ou bourbon en plus ? Ce serait pas mal ! Et une autre pour « femme » avec hydromel ou saké Nigori !

INGRÉDIENTS

½ gousse de vanille
100 ml (²/₅ tasse) de mélasse
100 ml (²/₅ tasse) de sirop d'érable
125 ml (½ tasse) de lait
60 g (¼ tasse) de beurre
230 g (2 tasses) de farine
75 g (⅓ tasse) de copeaux de noix de coco grillée réduits en poudre
80 g (³/₈ tasse) de cassonade
12,5 ml (2 ½ c. à thé) de poudre à pâte
1 pincée de sel
2,5 ml (½ c. à thé) de cannelle en poudre
2,5 ml (½ c. à thé) de cinq-épices
2,5 ml (½ c. à thé) de muscade
2,5 ml (½ c. à thé) d'anis étoilé moulu
2,5 ml (½ c. à thé) de curry
2,5 ml (½ c. à thé) de poudre de réglisse noire dure (type zan)
1 œuf

Optionnel : 22,5 ml (1 ½ c. à soupe) d'alcool (scotch, bourbon, hydromel ou saké Nigori)

PRÉPARATION

1. Préchauffer le four à 180 °C (350 °F).

2. À l'aide d'un couteau, fendre la demi-gousse de vanille en deux et retirer les graines en grattant avec la lame.

3. Dans une casserole à fond épais, verser la mélasse, le sirop d'érable et le lait. Ajouter le beurre et la gousse de vanille. Faire chauffer et retirer aux premiers frémissements.

4. Au-dessus d'un grand bol à mélanger, tamiser ensemble la farine, la poudre de noix de coco, la cassonade, la poudre à pâte et le sel.

5. Former un puits dans la préparation sèche et y verser le liquide tiède en remuant sans cesse, puis ajouter les épices.

6. Dans un petit bol à mélanger, battre l'œuf et, s'il y a lieu, l'alcool. Ajouter au premier mélange et bien remuer.

7. Verser la préparation à gâteau dans un moule à gâteau rectangulaire préalablement graissé. Enfourner 40 minutes*.

* Pour vérifier la cuisson, insérer la pointe d'un couteau au centre du gâteau et si elle en ressort propre, le gâteau est cuit à point.

PISTES HARMONIQUES DES LIQUIDES

Un scotch! Un hydromel liquoreux! Un saké Nigori! Mais aussi, de façon plus sage, un sauternes, un tokaji aszu ou une bière brune.

BIÈRE BRUNE/CASSONADE/ÉPICES/MIEL

PAIN D'ÉPICES POÊLÉ, SABAYON À LA BIÈRE SCOTCH ALE

ASTUCE AROMATIQUE

Les épices et le miel du fameux pain d'épices de Dijon m'ont mis sur la piste aromatique de la bière scotch ale et de la cassonade, toutes deux partageant le même profil que ce savoureux pain épicé. Notez que le sirop d'érable est aussi sur ce chemin aromatique... À vous de remplacer la bière brune par du sirop d'érable, ou d'y aller moitié/moitié!

INGRÉDIENTS

30 ml (2 c. à soupe) de beurre
112 g (4 oz) de pain d'épices, en dés (voir page 171)
8 jaunes d'œufs
200 ml (¾ tasse) de bière brune
125 g (⅔ tasse) de cassonade

PRÉPARATION

1. Dans une grande casserole, préparer un bain-marie.
2. Dans une grande poêle antiadhésive, faire fondre le beurre et dorer les dés de pain d'épices. Réserver sur une assiette recouverte d'un papier absorbant.
3. Placer les jaunes d'œufs et la bière dans un grand bol à mélanger. Fouetter au-dessus du bain-marie pendant que le mélange chauffe.
4. Ajouter la cassonade en plusieurs fois en fouettant vigoureusement pendant 6 à 8 minutes, jusqu'à ce que le mélange épaississe.
5. Placer les dés de pain d'épices grillés dans des coupes de service. Verser le sabayon dessus. Déguster tiède.

PISTES HARMONIQUES DES LIQUIDES

Bien oui, osez une pénétrante bière scotch ale. Mais notez au passage qu'un hydromel liquoreux du Québec résonne aussi, et ce, tant en accompagnement de cette recette, qu'en remplacement de la bière dans le sabayon!

PÂTE BRISÉE AU CLOU DE GIROFLE

ASTUCE AROMATIQUE

Voici une pâte aromatisée par le clou de girofle et conçue pour créer la synergie avec la recette de quiche de pain perdu aux asperges grillées « pour vins rouges » (voir page 49). Je vous rappelle que l'asperge verte, une fois rôtie, développe les mêmes parfums que le girofle.

INGRÉDIENTS

250 g (2 ⅙ tasses) de farine, tamisée
1 pincée de sel fin
7,5 ml (1 ½ c. à thé) de clou de girofle en poudre
125 g (³/₅ tasse) de beurre, taillé en cubes
1 jaune d'œuf
Eau en quantité suffisante

PRÉPARATION

1. Dans le bol d'un robot culinaire, déposer la farine tamisée, le sel et le clou de girofle. Pulser pour mélanger les ingrédients secs.

2. Ajouter les cubes de beurre et pulser de nouveau. Ajouter le jaune d'œuf et pulser jusqu'à ce que le mélange se détache des rebords de la cuve et forme un semblant de boule.

3. Fariner le plan de travail et y déposer la pâte. Fraiser* la pâte à la main en ajoutant un peu d'eau au besoin pour faciliter la formation d'une pâte homogène. Attention de ne pas trop travailler la pâte, car elle deviendrait cassante.

4. Envelopper la boule de pâte d'une pellicule plastique et la déposer au réfrigérateur 1 heure.

* Fraiser la pâte : écraser la pâte avec la paume de la main, puis rassembler les éléments à nouveau. Vous devez répéter l'opération quelques fois jusqu'à l'obtention d'une boule.

PISTES HARMONIQUES DES LIQUIDES

Si vous utilisez cette pâte brisée au girofle avec vos quiches, l'accord avec les rouges de malbec argentin élevés en barriques de chêne, tout comme avec les carmenères du Chili, ainsi que les cabernets et les merlots ayant aussi passé par le chêne, n'en sera que renforcé.

PUDDING AU CHOCOLAT COMME UN CHÔMEUR « EN HOMMAGE À LA FAMEUSE GRAND-MÈRE THÉRÈSE... »

ASTUCE AROMATIQUE

Après avoir goûté à ce « chômeur national » transformé par le chocolat, j'ai dit à Stéphane : « Cr...ss que c'est bon ! ! ! » Notez que c'est le dessert de la « fameuse grand-mère Thérèse » de Jasmine, la femme de Stéphane. Cacao, cannelle et vanille, tous sur la même piste aromatique que l'habituel érable de ce dessert historique. Comme quoi rien ne se perd, rien ne se crée... Mais nous avons tout de même ajouté du thé fumé, question de rehausser les saveurs au possible.

INGRÉDIENTS

SIROP

438 ml (1 ¾ tasse) d'eau chaude
135 g (³/₅ tasse) de cassonade
30 ml (2 c. à soupe) de cacao en poudre
5 ml (1 c. à thé) de thé fumé Lapsang Souchong

PUDDING

160 g (1 ²/₅ tasse) de farine blanche tout usage
10 ml (2 c. à thé) de poudre à pâte
2,5 ml (½ c. à thé) de sel
22,5 ml (1 ½ c. à soupe) de cacao en poudre
2,5 ml (½ c. à thé) de cannelle en poudre
135 g (¾ tasse) de cassonade
1 gousse de vanille, grattée
30 ml (2 c. à soupe) de beurre mou
1 œuf
125 ml (½ tasse) de lait 3,25 %

PRÉPARATION

1. Préchauffer le four à 180 °C (350 °F).
2. **Préparer le sirop.** Dans une grande casserole, verser l'eau, la cassonade, le cacao et les feuilles de thé fumé. Porter à ébullition, et garder à frémissement.
3. **Préparer le pudding.** Tamiser ensemble la farine, la poudre à pâte, le sel, le cacao et la cannelle.
4. Dans un grand bol, mélanger au fouet la cassonade, la gousse de vanille et le beurre.
5. Une fois le mélange blanc et crémeux, ajouter l'œuf en fouettant de nouveau.
6. Incorporer les ingrédients secs et le lait en intercalant pour obtenir une texture homogène.

7. Beurrer un moule profond de 25 cm (10 po) de diamètre et y déposer la pâte à gâteau.

8. Verser à la louche le sirop bouillant sur la surface de la pâte.

9. Enfourner environ 40 minutes*.

10. Laisser tiédir et déguster.

* Pour vérifier la cuisson, insérer la pointe d'un couteau au centre du gâteau et si elle en ressort propre, le gâteau est cuit à point.

PISTES HARMONIQUES DES LIQUIDES

Qui dit cacao et thé fumé dit avant tout xérès et montilla morilles, tous deux de type oloroso. Mais aussi bière noire, idéalement de style porter.

CARDAMOME/CITRON

TARTE AU CITRON ET MERINGUE À LA CARDAMOME

ASTUCE AROMATIQUE

Classique tarte au citron à la meringue, dont la saveur est renforcée par l'ajout de cardamome. Et question de créer une synergie aromatique encore plus intense, nous avons aussi ajouté la cardamome dans la préparation au citron.

INGRÉDIENTS

PÂTE SUCRÉE

100 g (²/₅ tasse) de sucre
1 pincée de sel fin
2 jaunes d'œufs
200 g (1 ¾ tasse) de farine
100 g (½ tasse) de beurre mou
Eau froide en quantité suffisante

CRÈME DE CITRON

Le jus de 3 citrons
115 g (½ tasse) de sucre
3 œufs
2,5 ml (½ c. à thé) de poudre de cardamome verte
50 g (¼ tasse) de beurre froid, en cubes

MERINGUE

3 blancs d'œufs
1 pincée de sel fin
80 g (⅓ tasse) de sucre
5 ml (1 c. à thé) de cardamome verte en poudre

PRÉPARATION

1. **Préparer la pâte sucrée.** Dans un bol à mélanger, déposer le sucre, le sel et les jaunes d'œufs. Mélanger les ingrédients, ajouter 15 ml (1 c. à soupe) d'eau froide et mélanger de nouveau.

2. Verser la farine et mélanger jusqu'à l'obtention d'une texture de sable à gros grains. Ajouter le beurre mou en prenant soin de ne pas trop travailler la pâte.

3. Déposer la pâte sur le plan de travail préalablement enfariné et former une boule. Recouvrir la pâte d'une pellicule plastique et laisser reposer 1 heure.

4. Préchauffer le four à 180 °C (350 °F).

5. Retirer la pellicule plastique et déposer la boule de pâte sur le plan de travail préalablement enfariné. À l'aide d'un rouleau à pâtisserie, étaler la pâte à ½ cm (1/5 po) d'épaisseur. Déposer la pâte dans un moule à tarte de 25 cm (10 po) de diamètre. Couper le surplus de pâte à l'aide d'un couteau, puis recouvrir le fond d'une feuille de papier parchemin taillée en rond. Pour empêcher la formation de bulles d'air lors de la cuisson, recouvrir le fond de tarte de haricots secs et elle restera bien uniforme. Enfourner et cuire pendant 20 minutes.

6. Retirer la croûte à tarte du four. Laisser refroidir. Retirer les haricots secs et le papier parchemin.

7. **Préparer la crème de citron.** Dans une casserole, verser le jus de citron filtré, ajouter le sucre et les œufs, et faire chauffer en fouettant constamment. Lorsque la préparation atteint le point d'ébullition, baisser le feu et cuire 1 minute de plus. Ajouter la cardamome en poudre.

8. À l'aide d'une spatule de plastique, verser la crème dans un bol à mélanger, puis incorporer les cubes de beurre froid à l'aide d'un fouet.

9. Verser la crème de citron dans la croûte à tarte froide. Laisser refroidir.

10. **Préparer la meringue.** Dans un bol à mélanger bien propre, déposer les blancs d'œufs, puis ajouter une pincée de sel. Monter les blancs à l'aide d'un batteur électrique. Avant qu'ils ne soient totalement fermes, ajouter progressivement le sucre tout en battant à pleine vitesse, puis ajouter la cardamome en poudre.

11. À l'aide d'une spatule, recouvrir la tarte de meringue. Pour un résultat plus élégant, verser la meringue dans une poche à pâtisserie munie d'une douille, puis déposer de petites quantités de meringue sur toute la surface de la tarte.

PISTES HARMONIQUES DES LIQUIDES

Suivez les recommandations données pour les plats dominés par le romarin, avec le riesling vendange tardive (auslese) en premier choix. Mais vous pouvez aussi compter sur un jeune vin doux naturel de muscat, cépage tout aussi terpénique que le riesling et que le duo cardamome/citron.

SUCRE À LA CRÈME À L'ÉRABLE ET AU CURRY

ASTUCE AROMATIQUE

Le gène de saveur dominant de notre national sucre à la crème nous conduit tout droit vers les arômes du sirop d'érable. Une fois sur cette piste, multiples sont les aliments complémentaires, donc de même famille aromatique que la cassonade, la crème chauffée et le sirop d'érable, afin de jazzer cette recette ancestrale. Cannelle, curry, clou de girofle, scotch, thé noir fumé, amande, noisette et Frangelico sont ceux que nous avons choisis pour cette suite de variations sur un même thème !

INGRÉDIENTS

220 g (1 tasse) de sucre blanc
90 g (½ tasse) de cassonade
125 ml (½ tasse) de sirop d'érable
250 ml (1 tasse) de crème 35 %
30 g (2 c. à soupe) de beurre salé
5 ml (1 c. à thé) de curry jaune en poudre

PRÉPARATION

1. Mettre tous les ingrédients, sauf la poudre de curry, dans un bol allant au micro-ondes.

2. Mélanger pour faire un appareil homogène et cuire à puissance maximale pendant 4 minutes.

3. Sortir du four et remuer à l'aide d'un fouet quelques secondes. Remettre dans le four et cuire encore 4 minutes.

4. Retirer et mélanger de nouveau quelques secondes.

5. Pour la dernière opération, cuire simplement 2 minutes. Sortir et ne plus toucher pendant 5 minutes.

6. Une fois le temps écoulé, mettre dans la cuve de votre malaxeur. Ajouter la poudre de curry et battre au fouet pendant 3 minutes à puissance maximum.

7. Verser dans un moule chemisé de pellicule alimentaire. Couvrir et laisser refroidir 1 heure au réfrigérateur. Tailler des carrés et déguster.

PISTES HARMONIQUES DES LIQUIDES

Le duo curry/érable donne la piste, sur laquelle se trouvent, entre autres, les bières brunes, le xérès amontillado et oloroso, le porto tawny de 10 ans et plus, le rhum brun et le saké de type Nigori.

SUCRE À LA CRÈME AU CLOU DE GIROFLE ET AU SCOTCH

ASTUCE AROMATIQUE

Si vous suivez les explications données dans notre recette de sucre à la crème à l'érable et au curry, vous comprendrez pourquoi le girofle et le scotch apparaissent dans ce sucre à la crème.

INGRÉDIENTS

220 g (1 tasse) de sucre blanc
180 g (1 tasse) de cassonade
250 ml (1 tasse) de crème 35 %
30 ml (2 c. à soupe) de beurre salé
15 ml (1 c. à soupe) de scotch
5 ml (½ c. à thé) de clou de girofle en poudre

PRÉPARATION

1. Mettre tous les ingrédients, sauf le clou de girofle en poudre, dans un bol allant au micro-ondes.

2. Mélanger pour faire un appareil homogène et cuire à puissance maximale pendant 4 minutes.

3. Sortir du four et remuer quelques secondes à l'aide d'un fouet. Remettre dans le four et cuire encore 4 minutes.

4. Retirer et mélanger de nouveau quelques secondes.

5. Pour la dernière opération, cuire simplement 2 minutes. Retirer du four et laisser reposer 5 minutes.

6. Une fois le temps écoulé, mettre dans la cuve de votre malaxeur. Ajouter le clou de girofle en poudre et battre au fouet pendant 3 minutes à puissance maximum.

7. Verser dans un moule chemisé de pellicule alimentaire. Couvrir et laisser refroidir 1 heure au réfrigérateur. Tailler des carrés et déguster.

PISTES HARMONIQUES DES LIQUIDES

Le girofle et le scotch sont sur la même piste aromatique que tous les vins liquoreux élevés en barriques. Plus particulièrement le sauternes, le tokaji aszú, le porto tawny, les vins doux naturels non muscatés hors d'âge (banyuls, maury et rivesaltes), ainsi que les très vieux rhums bruns et bourbons américains.

SUCRE À LA CRÈME AU THÉ NOIR FUMÉ

ASTUCE AROMATIQUE

À partir de la même explication donnée à notre recette de sucre à la crème à l'érable et au curry, nous avons créé une nouvelle identité à ce plat québécois, en lui procurant des tonalités fumées par le thé chinois Lapsang Souchong. La cannelle ici est jouée en bémol, comme exhausteur de goût, et non comme soliste qui prend le devant de la scène.

INGRÉDIENTS

220 g (1 tasse) de sucre blanc
180 g (1 tasse) de cassonade
250 ml (1 tasse) de crème 35 %
30 g (2 c. à soupe) de beurre salé
2,5 ml (½ c. à thé) de thé fumé Lapsang Souchong, (réduit en poudre fine)
2,5 ml (½ c. à thé) de cannelle en poudre

PRÉPARATION

1. Mettre tous les ingrédients dans un bol allant au micro-ondes.

2. Mélanger pour faire un appareil homogène et cuire à puissance maximale pendant 4 minutes.

3. Sortir du four et remuer quelques secondes à l'aide d'un fouet. Remettre dans le four et cuire encore 4 minutes.

4. Retirer et mélanger de nouveau quelques secondes.

5. Pour la dernière opération, cuire simplement 2 minutes. Retirer du four et laisser reposer 5 minutes.

6. Une fois le temps écoulé, mettre dans la cuve de votre malaxeur et battre au fouet pendant 3 minutes à puissance maximum.

7. Verser dans un moule chemisé de pellicule alimentaire. Couvrir et laisser refroidir 1 heure au réfrigérateur. Tailler des carrés et déguster.

PISTES HARMONIQUES DES LIQUIDES

Le fumé puissant de ce thé donne la piste sur laquelle se trouvent, entre autres, les bières noires et les porters fumés, le xérès Pedro ximénez, le vin santo, le très vieux rhum brun et le bourbon américain.

SUCRE À LA CRÈME AUX NOISETTES GRILLÉES ET FRANGELICO

ASTUCE AROMATIQUE

Ma mère mettait quelquefois des noix dans son sucre à la crème. Sans en connaître le pourquoi scientifique, elle était sur la même piste aromatique que la crème chaude et la cassonade de cette recette. Question de dynamiser la synergie, les noix grillées se rapprochent encore plus aromatiquement des ingrédients du sucre à la crème. Et encore plus explosive, la noisette en tant que noix complémentaire par excellence avec l'amande.

INGRÉDIENTS

220 g (1 tasse) de sucre blanc
180 g (1 tasse) de cassonade
250 ml (1 tasse) de crème 35 %
30 g (2 c. à soupe) de beurre salé
15 ml (1 c. à soupe) de Frangelico
50 g (½ tasse) de noisettes grillées sans peau et concassées

PRÉPARATION

1. Mettre tous les ingrédients, sauf les noisettes, dans un bol allant au micro-ondes.
2. Mélanger pour faire un appareil homogène et cuire à puissance maximale pendant 4 minutes.
3. Sortir du four et remuer quelques secondes à l'aide d'un fouet. Remettre dans le four et cuire encore 4 minutes.
4. Retirer et mélanger de nouveau quelques secondes.
5. Pour la dernière opération, cuire simplement 2 minutes. Retirer et laisser reposer 5 minutes.
6. Une fois le temps écoulé, mettre dans la cuve de votre malaxeur. Battre au fouet pendant 3 minutes à puissance maximum.
7. Ajouter les noisettes concassées à la spatule.
8. Verser dans un moule chemisé de pellicule alimentaire. Couvrir et laisser refroidir 1 heure au réfrigérateur. Tailler des carrés et déguster.

PISTES HARMONIQUES DES LIQUIDES

La noisette grillée est l'univers aromatique des vins légèrement oxydatifs, comme le sont les xérès de type amontillado et oloroso, les madères, de type bual et malmsey, les portos, de type tawny 20 ans d'âge et plus, et le vin santo, sans oublier les très vieux rhums bruns et le bourbon américain. Ah oui ! Vous pouvez aussi oser un Frangelico allongé de lait !

SUCRE À LA CRÈME AUX AMANDES GRILLÉES ET AMARETTO

ASTUCE AROMATIQUE

Dans la suite aromatique de notre recette de sucre à la crème aux noisettes grillées et Frangelico.

INGRÉDIENTS

220 g (1 tasse) de sucre blanc
180 g (1 tasse) de cassonade
250 ml (1 tasse) de crème 35 %
30 g (2 c. à soupe) de beurre salé
15 ml (1 c. à soupe) d'amaretto
60 g (½ tasse) d'amandes grillées concassées

PRÉPARATION

1. Mettre tous les ingrédients, sauf les amandes, dans un bol allant au micro-ondes.

2. Mélanger pour faire un appareil homogène et cuire à puissance maximale pendant 4 minutes.

3. Sortir du four et remuer quelques secondes à l'aide d'un fouet. Remettre dans le four et cuire encore 4 minutes.

4. Retirer et mélanger de nouveau quelques secondes.

5. Pour la dernière opération, cuire simplement 2 minutes. Retirer et laisser reposer 5 minutes.

6. Une fois le temps écoulé, mettre dans la cuve de votre malaxeur. Ajouter les épices en poudre et battre au fouet pendant 3 minutes à puissance maximum.

7. Ajouter les amandes concassées à la spatule.

8. Verser dans un moule chemisé de pellicule alimentaire. Couvrir et laisser refroidir 1 heure au réfrigérateur. Tailler des carrés et déguster.

PISTES HARMONIQUES DES LIQUIDES

L'élégance de l'amande, même grillée, nous guide vers des vins élevés en barriques, comme le sauternes et ses voisins (Cadillac, Loupiac, Sainte-Croix-du-Mont), ainsi que vers le saké de type Nigori, aux arômes de lait d'amandes. Un amaretto allongé de lait tout comme un kirsch nature sont aussi de mise.

TARTE AUX POMMES « MADE IN » QUÉBEC !

ASTUCE AROMATIQUE

Pomme, érable, cidre de glace, même combat ! Et surtout même piste aromatique que celle du sotolon, qui est le composé volatil de la pomme cuite. Il suffit donc de piger dans la liste d'aliments sotolon, détaillés dans le livre *Papilles et Molécules*. En premier choix : curry, date, figue séchée, noix grillées ou vinaigre balsamique.

INGRÉDIENTS

454 g (1 lb) de pâte sablée

1 kg (2 lb) de pommes acidulées, épluchées et taillées en lamelles assez épaisses

2 jaunes d'œufs

2 œufs

30 ml (2 c. à soupe) de sucre blanc

60 ml (¼ tasse) de sirop d'érable clair

125 ml (½ tasse) de crème 35 %

60 ml (¼ tasse) de cidre de glace

PRÉPARATION

1. Étaler la pâte sur le plan de travail fariné, puis la déposer sur votre moule à tarte. Piquer légèrement. Réserver.

2. Préchauffer le four à 180 °C (350 °F).

3. Disposer les lamelles sur la pâte en les chevauchant. Réserver de nouveau.

4. Dans un bol, battre ensemble les jaunes d'œufs et les œufs avec le sucre. Ajouter le sirop d'érable, la crème et le cidre de glace. Verser le mélange sur les pommes.

5. Enfourner et cuire pendant 25 à 30 minutes.

6. Laisser refroidir et déguster.

PISTES HARMONIQUES DES LIQUIDES

Quoi d'autre qu'un cidre de glace québécois ?! Bon, si vous y tenez, servez un tokaji aszú hongrois, de 4 ou 5 *puttonyos*.

BOUILLON POUR CÔTES LEVÉES

ASTUCE AROMATIQUE

Comme la cuisson sur le gril développe dans les viandes des saveurs au profil aromatique de même famille que les composés volatils qui donnent sa signature au sirop d'érable et aux vins élevés en barriques de chêne, la porte était grande ouverte pour parfumer le bouillon de pré-cuisson avec les ingrédients de ces familles, comme le sont la bière noire, le sirop d'érable et le clou de girofle.

INGRÉDIENTS

1 litre (4 tasses) de bouillon de volaille maison
1 bouteille (441 ml) de bière noire
250 ml (1 tasse) de sirop d'érable
15 g (1 c. à soupe) de gros sel
3 clous de girofle
15 g (1 c. à soupe) de poivre noir, concassé
1 gros oignon, coupé en quartiers
2 pièces (2,5 kg – 5 ½ lb) de côtes levées (côtes de dos)

PRÉPARATION

1. Dans une grande casserole, verser le bouillon de volaille, la bière, le sirop d'érable, le sel, les clous de girofle, le poivre et les quartiers d'oignon.

2. Déposer les côtes levées, préalablement lavées et asséchées, dans le bouillon et cuire à feu moyen pendant 1 heure 30 minutes.

3. Retirer la casserole du feu et laisser refroidir les côtes levées dans le bouillon.

4. Retirer les côtes levées du bouillon et les mettre à mariner avec la sauce BBQ pour côtes levées (voir page 196) pour un minimum de 2 heures.

5. Préchauffer le four à 160 °C (325 °F).

6. Sur une plaque, déposer les côtes levées et les badigeonner de sauce BBQ puis enfourner. Il est important de badigeonner les côtes quelques fois durant la cuisson pour qu'elles soient bien glacées. Cuire pendant 25 à 30 minutes.

7. Sortir les côtes levées du four et les laisser reposer 15 minutes sous une tente de papier d'aluminium. À l'aide d'un couteau bien aiguisé, couper les côtes entre chaque os et servir.

PISTES HARMONIQUES DES LIQUIDES

Le sirop d'érable et la barrique partagent un nombre élevé de composés aromatiques, la piste ici est tracée pour servir votre vin élevé en barriques favori. Qu'il soit rouge ou blanc, d'ailleurs ! Les bières brunes sont aussi à envisager.

ÉPICES À STEAK RÉINVENTÉES POUR VIN ROUGE ÉLEVÉ EN BARRIQUE

ASTUCE AROMATIQUE

Sur l'idée des mélanges d'épices à steak, pourquoi ne pas transformer le mélange avec uniquement des ingrédients en phase avec les arômes des vins élevés en barriques, comme c'est le cas des parfums générés sur la viande et les poissons lors de leur cuisson sur le gril ? C'est fait ! Partant d'un grand classique, nous l'avons tout simplement ajusté pour que chaque épice entrant dans sa composition soit de la famille des arômes engendrés par le chêne des barriques des vins et eaux-de-vie qui y séjournent.

INGRÉDIENTS

15 ml (1 c. à soupe) de grains de poivre noir
30 ml (2 c. à soupe) de cannelle en poudre
5 ml (1 c. à thé) de muscade, fraîchement râpée
5 ml (1 c. à thé) de clou de girofle en poudre
52,5 ml (3 ½ c. à soupe) de poudre de cacao non sucrée
30 ml (2 c. à soupe) de sel de mer

PRÉPARATION

1. Dans un mortier, déposer les grains de poivre et moudre à l'aide d'un pilon ou passer au moulin à épices.
2. Dans un bol à mélanger, ajouter le poivre moulu, la cannelle, la muscade, le clou de girofle, la poudre de cacao et le sel. Mélanger le tout.
3. Rincer le morceau de viande et l'éponger avec un papier absorbant.
4. Bien frotter tous les côtés de la viande au choix avec le mélange d'épices avant de la faire cuire.

PISTES HARMONIQUES DES LIQUIDES

C'est l'occasion de créer des accords qui résonneront haut et fort avec vos vins boisés préférés, qu'ils soient blancs ou rouges. Un bourbon tout comme un vieux rhum de Guyane feraient aussi le travail, tout comme un thé noir fumé Lapsang Souchong.

ÉPICES À STEAK « D'APRÈS CUISSON » AU THÉ NOIR FUMÉ ET À LA VANILLE

ASTUCE AROMATIQUE

Même piste aromatique que la précédente recette, mais en utilisation « d'après cuisson ». Vous pourrez ainsi rectifier l'assaisonnement de vos pièces de viande ou de poisson une fois qu'elles seront cuites. Cette fleur de sel apportera du craquant, et le thé fumé et la vanille, des saveurs en synergie avec le grillé, tout comme avec le vin boisé servi.

INGRÉDIENTS

½ gousse de vanille
2,5 ml (½ c. à thé) de thé noir fumé (Lapsang Souchong)
45 g (3 c. à soupe) de fleur de sel

PRÉPARATION

1. À l'aide d'un couteau d'office, fendre la gousse de vanille en deux dans le sens de la longueur, puis récupérer les graines d'une demi-gousse en grattant avec la pointe du couteau. Réserver.

2. Dans un mortier, déposer le thé noir et réduire en fine poudre à l'aide d'un pilon et réserver.

3. Dans un bol à mélanger, déposer la fleur de sel, la poudre de thé noir et les graines de vanille. Bien mélanger les ingrédients et réserver dans un récipient hermétique.

PISTES HARMONIQUES DES LIQUIDES

Tous les types de vins jeunes, encore marqués par leur séjour en barriques de chêne – et pas obligé qu'ils soient surboisés… seulement élevés, et bien élevés en plus.

 # ÉPICES À STEAK « D'APRÈS CUISSON » À LA NOIX DE COCO GRILLÉE ET AU POIVRE MANIGUETTE

ASTUCE AROMATIQUE

Tout comme notre recette à la vanille et au thé noir fumé, ce mélange d'épices à steak, à utiliser après cuisson, entrera dans une vibrante synergie avec les saveurs grillées des viandes et des poissons, tout comme avec le profil grillé/fumé/épicé des vins élevés dans le chêne.

INGRÉDIENTS

10 ml (2 c. à thé) de noix de coco grillée

45 g (3 c. à soupe) de fleur de sel

2,5 ml (½ c. à thé) de poivre maniguette (graines du paradis)

PRÉPARATION

1. Dans un mortier, déposer les copeaux de noix de coco grillée et réduire en poudre à l'aide d'un pilon Réserver.

2. Dans un mortier, déposer le poivre maniguette et réduire en poudre à l'aide d'un pilon. Réserver.

3. Dans un bol à mélanger, déposer la fleur de sel, la poudre de noix de coco grillée et la poudre de poivre maniguette. Mélanger tous les ingrédients et réserver dans un contenant hermétique.

PISTES HARMONIQUES DES LIQUIDES

Tous les types de vins jeunes, encore marqués par leur séjour en barriques de chêne – et pas obligé qu'ils soient surboisés… seulement élevés, et bien élevés en plus .

ANIS ÉTOILÉ

ÉPICES À STEAK RÉINVENTÉES POUR DONNER DE LA LONGUEUR AUX VINS

ASTUCE AROMATIQUE

L'anis étoilé possède le don magique de propulser les vins en fin de bouche en leur donnant de la longueur, exactement comme la réglisse en a le pouvoir aussi. Alors, ajoutez de l'anis à votre mélange d'épices à steak maison ou acheté !

INGRÉDIENTS

15 ml (1 c. à soupe) de graines de fenugrec ou de curry

3 étoiles de badiane (anis étoilé)

15 ml (1 c. à soupe) de grains de poivre noir

7,5 ml (½ c. à soupe) de clou de girofle moulu

7,5 ml (½ c. à soupe) de cannelle moulue

15 ml (1 c. à soupe) de sel de mer

60 ml (4 c. à soupe) de cassonade

PRÉPARATION

1. Dans un poêlon à fond épais, déposer les graines de fenugrec et les torréfier à sec en les remuant constamment jusqu'à ce qu'elles dégagent leurs arômes. Réserver.

2. Dans un mortier, déposer les graines de fenugrec, les graines de badiane (retirer les graines des étoiles et jeter l'écorce) et les grains de poivre et

moudre finement à l'aide d'un pilon ou passer au moulin à épices.

3. Dans un bol à mélanger, déposer les épices moulues ainsi que le clou de girofle, la cannelle, le sel et la cassonade, et bien mélanger.

4. Rincer le morceau de viande et l'éponger avec un papier absorbant.

5. Bien frotter tous les côtés de la viande au choix avec les épices avant de la faire cuire.

PISTES HARMONIQUES DES LIQUIDES

Tous les rouges élevés en barriques sont ici à privilégier. Les petits deviendront grands, et les grands, ben grands !

GRAINES DE CORIANDRE/ORANGE

ÉPICES À GRILLADES RÉINVENTÉES POUR VIN BLANC

ASTUCE AROMATIQUE

Un mélange « trafiqué » pour que les vins blancs trouvent leur place en saison chaude avec les grillades.

INGRÉDIENTS

30 ml (2 c. à soupe) de graines de coriandre
15 ml (1 c. à soupe) de graines de cumin
30 ml (2 c. à soupe) de zeste d'orange
3,75 ml (¾ c. à thé) de sel de mer
2, 5 ml (½ c. à thé) de piment jalapeño frais (pimentón fumé, paprika ou poivre du Sichuan), finement haché

PRÉPARATION

1. Faire chauffer à sec dans un poêlon à fond épais, les graines de coriandre et les graines de cumin. Torréfier les épices en les remuant constamment jusqu'à ce qu'elles dégagent leurs arômes.

2. Dans un mortier, moudre les graines de coriandre et les graines de cumin à l'aide d'un pilon ou d'un moulin à épices. Réserver.

3. Dans un bol à mélanger, déposer les épices moulues, le zeste d'orange, le sel et le piment jalapeño. Mélanger le tout.

4. Rincer le morceau de viande et l'éponger avec un papier absorbant.

5. Bien frotter tous les côtés de la viande au choix avec les épices avant de la faire cuire.

PISTES HARMONIQUES DES LIQUIDES

Les vins blancs du Midi, passablement aromatiques et gras, comme ceux à base de roussanne, de marsanne, de grenache blanc ou de viognier.

HUILES AROMATIQUES

ASTUCE AROMATIQUE

En aromatisant une huile avec une seule herbe ou une seule épice, tout comme dans la recette de fromage de chèvre mariné à l'huile (voir page 143), on donne à l'huile une piste aromatique qui nous guidera par la suite dans le choix des ingrédients ou des recettes avec lesquelles l'utiliser. De plus, l'herbe ou l'épice choisie permet de trouver plus aisément la zone de confort pour l'harmonie avec les liquides. Voici donc une suite de recettes d'huiles aromatisées pour tous !

ANIS ÉTOILÉ

HUILE D'ANIS ÉTOILÉ

ASTUCE AROMATIQUE

Cette huile donnera de la longueur et de la souplesse aux vins rouges de syrah et de cabernet, si vous l'utilisez avec des plats allant avec ces types de vins. Même les vins blancs de sauvignon blanc résonneront avec l'anis étoilé.

INGRÉDIENTS

125 ml (½ tasse) d'huile de pépins de raisin
2,5 ml (½ c. à thé) de poudre d'anis étoilé (badiane)

PRÉPARATION

1. Dans une petite casserole, faire tiédir l'huile de pépins de raisin.
2. Incorporer la poudre d'anis étoilé, puis retirer du feu. Laisser refroidir, puis verser dans un pot de verre hermétique. Conserver au réfrigérateur.

CANNELLE

HUILE DE CANNELLE

ASTUCE AROMATIQUE

Qu'ils soient blancs, comme le gewurztraminer, rouges, comme le pinot noir, ou encore liquoreux, comme le cidre de glace, ces liquides seront en synergie avec les aliments rehaussés de cette huile. Même les salades qui accompagnent les fromages !

INGRÉDIENTS

125 ml (½ tasse) d'huile d'olive espagnole

2,5 ml (1 c. à thé) de cannelle en poudre

PRÉPARATION

1. Dans une petite casserole, faire tiédir l'huile d'olive.

2. Incorporer la cannelle en poudre puis retirer du feu. Laisser refroidir, puis verser dans un pot de verre hermétique. Conserver au réfrigérateur.

CLOU DE GIROFLE

HUILE DE CLOU DE GIROFLE

ASTUCE AROMATIQUE

Qu'ils soient blancs, comme le gewurztraminer, rouges, comme le pinot noir, ou encore liquoreux, comme le cidre de glace, ces liquides seront en synergie avec les aliments rehaussés de cette huile. Même les salades qui accompagnent les fromages!

INGRÉDIENTS

125 ml (½ tasse) d'huile canola

2, 5 ml (½ c. à thé) de clou de girofle moulu

PRÉPARATION

1. Dans une petite casserole, faire tiédir l'huile de canola.

2. Incorporer le clou de girofle moulu puis retirer du feu. Laisser refroidir puis verser dans un pot de verre hermétique. Conserver au réfrigérateur.

CARDAMOME

HUILE DE CARDAMOME

ASTUCE AROMATIQUE

Riesling! Étant sur la piste du romarin, choisissez les vins, comme le riesling, et les aliments complémentaires au romarin pour cuisiner cette huile de cardamome.

INGRÉDIENTS

125 ml (½ tasse) d'huile de canola

2,5 ml (½ c. à thé) de cardamome moulue

PRÉPARATION

1. Dans une petite casserole, faire tiédir l'huile de canola.

2. Incorporer la cardamome moulue, puis retirer du feu. Laisser refroidir. Verser dans un pot de verre hermétique. Conserver au réfrigérateur.

HUILE DE CURCUMA

ASTUCE AROMATIQUE

Utilisez cette huile sur les mêmes aliments et vins complémentaires au gingembre, étant tous deux presque des jumeaux !

INGRÉDIENTS

125 ml (½ tasse) d'huile d'olive
7,5 ml (1 ½ c. à thé) de curcuma moulu*

PRÉPARATION

1. Dans une petite casserole, faire tiédir l'huile d'olive.
2. Incorporer le curcuma moulu, puis retirer du feu. Laisser refroidir. Verser dans un pot de verre hermétique. Conserver au réfrigérateur.

* Si le goût n'est pas parfait et selon le type de curcuma utilisé, on peut ajouter un peu de gingembre pour rectifier le goût.

HUILE DE GINGEMBRE

ASTUCE AROMATIQUE

Utilisez cette huile sur les mêmes aliments et vins complémentaires au curcuma, étant tous deux presque des jumeaux !

INGRÉDIENTS

500 ml (2 tasses) d'huile végétale
60 g (¼ tasse) de gingembre congelé pelé, taillé en morceaux

PRÉPARATION

1. Dans une petite casserole, faire tiédir l'huile végétale.
2. Déposer le gingembre dans un mélangeur. Verser l'huile et le laisser fondre.
3. Mélanger jusqu'à ce que le tout soit homogène. Verser dans un pot de verre hermétique et conserver au réfrigérateur

HUILE DE CRUSTACÉS

ASTUCE AROMATIQUE

Nous nous sommes inspirés de notre huile de crustacés au piment, qui accompagne la recette de homard frit au pimentón doux fumé, dans le livre *Les recettes de Papilles et Molécules*. Il aurait été dommage de ne pas sortir cette huile de son contexte originel afin de l'ajuster à d'autres recettes où les crustacés sont à l'honneur, comme dans ce livre où nous la jouons, entre autres, avec les crevettes rôties et carottes glacées à l'huile de crustacés (voir page 94).

INGRÉDIENTS

Les têtes (carcasse et intérieur) de 2 homards (ou les écailles de crevettes)
1 poivron rouge, taillé en dés
5 ml (1 c. à thé) de paprika doux
500 ml (2 tasses) d'huile de canola

PRÉPARATION

1. Mettre les deux têtes de homard (carcasses et intérieur) à colorer dans une casserole à fond épais. Ajouter les poivrons et faire revenir 2 minutes.
2. Verser l'huile et le paprika et faire chauffer. Au frémissement, baisser la chaleur et laisser cuire 10 minutes. Éteindre le feu et laisser infuser, jusqu'à refroidissement. Passer au chinois et réserver.

Cette huile peut être utilisée sur une multitude de recettes allant d'un risotto aux crevettes aux fritures de poisson. Libre à vous de l'utiliser lorsque vous cuisinez pour les vins rosés !

PISTES HARMONIQUES DES LIQUIDES

Lorsque vous utilisez cette huile de crustacés, elle trace la piste des vins rosés, tout comme des vins de fumé blanc, sans oublier celle des champagnes.

HUILE D'HERBES FRAÎCHES

ASTUCE AROMATIQUE

Les herbes fraîches qui serviront à aromatiser votre huile donneront le thème des aliments avec lesquels vous pourrez les utiliser en cuisine comme à table. Si ces herbes sont de la famille des anisés (menthe, basilic, coriandre, persil...), vous les cuisinerez avec des ingrédients de même famille, afin de créer de vibrantes synergies aromatiques. Par exemple, avec le thym, vous cuisinerez cette huile avec l'agneau ou l'olive noire, deux aliments de même profil aromatique que le thym. Référez-vous au livre *Papilles et Molécules* pour découvrir les différentes familles aromatiques.

INGRÉDIENTS

1 bouquet (environ 30 g – 1 oz) d'herbes fraîches de votre choix (coriandre, basilic, persil plat, aneth...)
250 ml (1 tasse) d'huile végétale

PRÉPARATION

1. Blanchir le bouquet d'herbes fraîches dans l'eau bouillante. Plonger immédiatement dans un bain de glaçons. Assécher.

2. Dans un mélangeur, déposer le bouquet d'herbes et verser l'huile. Mélanger jusqu'à ce que le mélange soit homogène.

3. Passer l'huile d'herbes fraîches au chinois pour obtenir une huile claire et sans débris. Verser dans un pot Masson. Réfrigérer.

PISTES HARMONIQUES DES LIQUIDES

C'est simple, c'est la famille de l'herbe utilisée qui donnera la piste aromatique du ou des liquides à servir pour créer l'accord dans vos verres !

CURCUMA/GINGEMBRE/POIVRE NOIR

KETCHUP DE BETTERAVES JAUNES

ASTUCE AROMATIQUE

De l'idée du traditionnel ketchup aux fruits, nous sommes partis sur la piste de la betterave rouge (voir page 193), puis, ici, sur celle de la betterave jaune. Il suffisait d'y ajouter curcuma, gingembre et poivre noir de même famille pour que la « mayonnaise » prenne !

INGRÉDIENTS

2 kg (4 ½ lb) de betteraves jaunes
2 oignons, hachés
3 gousses d'ail, hachées
7,5 ml (1 ½ c. à thé) de poivre noir fraîchement moulu
7,5 ml (1 ½ c. à thé) d'huile végétale
75 g (1/3 tasse) de sucre blanc
125 ml (½ tasse) de vinaigre blanc
5 ml (1 c. à thé) de curcuma en poudre
250 ml (1 tasse) d'eau
125 ml (½ tasse) de gingembre frais râpé

PRÉPARATION

1. Dans une grande casserole, cuire les betteraves dans l'eau salée, jusqu'à ce qu'elles soient tendres et qu'un couteau y pénètre facilement. Lorsque les betteraves sont cuites, en retirer la peau.

2. Dans le bol d'un robot culinaire, déposer les betteraves et les réduire en purée. Réserver.

3. Dans une casserole à fond épais, déposer l'oignon, l'ail et le poivre dans l'huile végétale. Faire revenir jusqu'à ce que l'oignon soit coloré.

4. Ajouter le sucre blanc et faire blondir.

5. Déglacer avec le vinaigre, puis ajouter le curcuma en poudre. Mélanger et porter à ébullition. Cuire pendant 2 minutes.

6. Ajouter l'eau et les betteraves en purée au mélange d'oignon.

7. Cuire la préparation jusqu'à consistance épaisse, environ 10 minutes.

8. Dans le bol d'un robot culinaire, verser la préparation, ajouter le gingembre frais et réduire en purée. Passer le tout dans un carré d'étamine et verser dans des pots Masson.

9. Laisser refroidir à température pièce et réserver au réfrigérateur.

PISTES HARMONIQUES DES LIQUIDES

Sauvignon blanc néo-zélandais et gewurztraminer tous azimuts sont conviés.

CAFÉ/GIROFLE/VANILLE

KETCHUP DE BETTERAVES ROUGES

ASTUCE AROMATIQUE

Nous avons ici opté pour la betterave rouge dans l'idée du ketchup aux fruits, et le girofle et la vanille se sont imposés, étant tous deux de même famille aromatique que ce légume-racine.

INGRÉDIENTS

2 kg (4 ½ lb) de betteraves rouges
2 oignons, hachés
3 gousses d'ail, hachées
10 clous de girofle
7,5 ml (1 ½ c. à thé) d'huile végétale
75 g (⅓ tasse) de sucre blanc
30 ml (2 c. à soupe) de pâte de tomate
125 ml (½ tasse) de vinaigre blanc
5 ml (1 c. à thé) de café instantané
¼ de gousse de vanille
250 ml (1 tasse) d'eau

PRÉPARATION

1. Dans une grande casserole, cuire les betteraves dans l'eau salée jusqu'à ce qu'elles soient tendres et qu'un couteau y pénètre facilement. Lorsque les betteraves sont cuites, en retirer la peau.

2. Dans le bol d'un robot culinaire, déposer les betteraves et les réduire en purée. Réserver.

3. Dans une casserole à fond épais, déposer l'oignon, l'ail et les clous de girofle dans l'huile végétale. Faire revenir jusqu'à ce que l'oignon soit coloré.

4. Ajouter le sucre et faire caraméliser. Ajouter la pâte de tomate.

5. Déglacer avec le vinaigre puis ajouter le café et la gousse de vanille grattée. Mélanger et porter à ébullition. Cuire pendant 2 minutes.

6. Ajouter l'eau et les betteraves en purée au mélange d'oignon.

7. Cuire la préparation jusqu'à consistance, environ 10 minutes.

8. Dans le bol d'un robot culinaire, verser la préparation et réduire en purée. Passer le tout dans un carré d'étamine et verser dans des pots Masson. Laisser refroidir à température pièce et réserver au réfrigérateur.

PISTES HARMONIQUES DES LIQUIDES

Les vins rouges élevés en barriques de chêne résonnent à cet accord où le girofle est la note maîtresse.

MISO/SÉSAME/SAUCE SOYA/CACAO/BIÈRE NOIRE

MARINADE POUR LE BŒUF AU MISO

ASTUCE AROMATIQUE

Le trio miso, sésame et cacao (ou café) crée une synergie aromatique inouïe ! De plus, le fromage bleu et le miso sont faits pour aller ensemble, tout comme le miso avec le cacao (ou le café), le sésame et la bière noire. Tous partagent des composés aromatiques dominants. Donc, une fois la viande marinée et grillée, pourquoi ne pas l'accompagner d'une sauce au fromage bleu, dont on vous donne aussi la recette ci-dessous ? Tant qu'à faire !

INGRÉDIENTS

MARINADE

30 ml (2 c. à soupe) de miso
15 ml (1 c. à soupe) de mirin
30 ml (2 c. à soupe) de sauce soya
5 ml (1 c. à thé) d'huile de sésame
125 ml (½ tasse) de bière noire
5 ml (1 c. à thé) de poudre de cacao

SAUCE

125 ml (½ tasse) de crème 35 %
100 g (3 ½ oz) de fromage bleu
Poivre noir fraîchement moulu

PRÉPARATION

1. **Préparer la marinade.** Dans un bol à mélanger, déposer le miso et l'arroser de mirin. Mélanger jusqu'à ce que le miso soit bien dilué. Ajouter la sauce soya, l'huile de sésame, la bière et la poudre de cacao. Bien mélanger et réserver.

2. Dans un grand plat, déposer les pièces de bœuf puis verser la marinade. Badigeonner uniformément. Recouvrir et laisser mariner pendant 1 heure.

3. Préchauffer le BBQ.

4. Sortir les pièces de bœuf de la marinade, égoutter un peu et les déposer sur le gril. Cuire à la cuisson désirée.

5. **Préparer la sauce.** Dans une petite casserole à fond épais, faire chauffer la crème et y déposer le fromage bleu. Faire chauffer le tout pour que le fromage soit bien fondu. Assaisonner de poivre noir.

6. Napper les pièces de bœuf cuites et servir immédiatement.

PISTES HARMONIQUES DES LIQUIDES

Comme nous sommes ici dans l'univers de la saveur umami, il faut opter pour des liquides tout aussi umami ! Bière brune extraforte, chardonnays du Nouveau Monde élevés en barriques ou rouges de régions chaudes au corps généreux et aux tanins chauds, comme le sont les assemblages GSM d'Australie, ainsi que les vins dominés par le grenache, qu'ils soient du Rhône ou d'Espagne.

ÉRABLE/BALSAMIQUE/CHAMPIGNON SHIITAKE

MARINADE POUR LE BŒUF À L'ÉRABLE

ASTUCE AROMATIQUE

Pour donner plus de « oumf » à cette marinade, il suffit de réduire en poudre des champignons shiitakes séchés. Le secret ici est de leur faire subir une deuxième déshydratation sur le feu. Cette déshydratation supplémentaire leur donnera un goût plus torréfié et plus aromatique. Vous n'avez qu'à les ajouter à la marinade et le tour est joué ! C'est la marinade idéale pour de petites pièces de viande.

INGRÉDIENTS

30 g (1 oz) de champignons shiitakes déshydratés*, râpés à la microplane
125 ml (½ tasse) de vinaigre balsamique blanc
75 ml (⅓ tasse) de sirop d'érable
3 clous de girofle
1 tour de moulin à poivre

PRÉPARATION

1. Dans une poêle, torréfier la poudre de shiitakes à feu moyen pour lui donner une légère coloration. Réserver.

2. Dans une casserole à fond épais, verser le vinaigre balsamique, le sirop d'érable et les clous de girofle. Porter à ébullition.

3. Retirer la casserole du feu, puis ajouter la poudre de shiitakes torréfiée ainsi qu'un tour de poivre du moulin. Mélanger et laisser refroidir la préparation sur le comptoir.

4. Passer la marinade au chinois et réserver.

5. Dans un grand contenant, déposer les pièces de bœuf, puis verser la marinade, badigeonner uniformément. Recouvrir et laisser mariner pendant 2 heures.

6. Préchauffer le BBQ.

7. Sortir les pièces de bœuf de la marinade, égoutter un peu et les déposer directement sur le gril. Cuire à la cuisson désirée.

* Les champignons shiitakes déshydratés sont en vente chez l'épicier dans le rayon des fruits et légumes.

PISTES HARMONIQUES DES LIQUIDES

Quelle que soit la pièce de viande : bière brune et noire ou vins rouges élevés en barriques américaines (tempranillo/garnacha).

MAYONNAISE AU WASABI ET AU CITRON VERT

ASTUCE AROMATIQUE

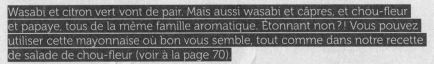

Wasabi et citron vert vont de pair. Mais aussi wasabi et câpres, et chou-fleur et papaye, tous de la même famille aromatique. Étonnant non ?! Vous pouvez utiliser cette mayonnaise où bon vous semble, tout comme dans notre recette de salade de chou-fleur (voir à la page 70).

INGRÉDIENTS

Jus et zeste de 1 citron vert
7,5 ml* (½ c. à soupe) de wasabi en tube
250 ml (1 tasse) de mayonnaise maison

PRÉPARATION

1. Dans un bol à mélanger, verser le jus de citron et le wasabi, puis mélanger pour bien diluer celui-ci. Ajouter la mayonnaise et le zeste. Mélanger à nouveau.

* La quantité de wasabi à utiliser est au goût. On peut commencer par la quantité indiquée dans la recette, ou moins pour une mayonnaise peu relevée. La quantité peut être augmentée pour une mayonnaise plus piquante.

PISTES HARMONIQUES DES LIQUIDES

Une ixième recette dont les aliments dominants partagent le même profil aromatique que celui des vins de sauvignon blanc, plus particulièrement des versions néo-zélandaises. Mais la présence de la lime ajoute au choix les vins de Riesling.

SAUCE BBQ À LA BIÈRE NOIRE

ASTUCE AROMATIQUE

Qui dit bière noire dit réglisse. C'est qu'il y a souvent de la réglisse ajoutée à l'élaboration de cette bière. En plus, la réglisse est sur la même piste que le sirop d'érable. Et tous partagent le même profil aromatique que les parfums grillés des grillades au BBQ. Ceci explique cela !

INGRÉDIENTS

62,5 ml (¼ tasse) d'huile végétale

2 oignons jaunes moyens hachés

2 gousses d'ail, hachées

187,5 ml (¾ tasse) de sirop d'érable

200 ml (4/5 tasse) de pâte de tomate

62,5 ml (¼ tasse) de vinaigre de cidre

125 ml (½ tasse) de bouillon de bœuf

62,5 ml (¼ tasse) de sauce anglaise Worcestershire

125 ml (½ tasse) de bière noire

20 g (½ bâton) de réglisse noire (type Panda ou le Choix du Président)

PRÉPARATION

1. Dans une casserole à fond épais, verser l'huile, puis y déposer les oignons et l'ail. Faire suer sans coloration.

2. Ajouter le sirop d'érable et laisser réduire la préparation de moitié pour que les saveurs se concentrent.

3. Ajouter la pâte de tomate et bien mélanger pour obtenir une préparation homogène.

4. Verser le vinaigre de cidre, le bouillon de bœuf, la sauce Worcestershire, la bière noire et le bâton de réglisse noire. Mélanger et cuire à feu doux pendant 20 minutes, jusqu'à ce que la texture soit onctueuse.

5. Laisser tiédir la sauce, puis la verser dans le bol d'un mélangeur. Mélanger jusqu'à ce que la sauce soit bien lisse.

6. Verser la sauce dans un tamis pour éliminer les solides. Réserver.

PISTES HARMONIQUES DES LIQUIDES

Une bière noire avant tout. Et plus l'empreinte du BBQ sera grande, plus cette bière se devra d'être fumée, comme le sont certaines bières de type porter fumé. Chez les vins, les ingrédients de cette sauce, tout comme les arômes provoqués par le gril, conduisent vers les vins élevés en barriques, dont les notes aromatiques sont encore bien présentes.

CANNELLE/CASSONADE/GIROFLE/RHUM BRUN

SAUCE BBQ POUR CÔTES LEVÉES

ASTUCE AROMATIQUE

Comme les vins élevés dans le chêne entrent en synergie parfaite avec les saveurs caramélisées/fumées/grillées/épicées que crée le grillé sur les aliments passés par le BBQ, nous avons poussé plus loin la synergie aromatique en créant cette sauce pour côtes levées. Un secret cependant… vous avez la permission de l'utiliser aussi sur les autres types de viandes !

INGRÉDIENTS

375 g (3 ½ tasses) de cassonade

375 ml (1 ½ tasse) de ketchup

125 ml (½ tasse) de vinaigre de xérès élevé en barrique

125 ml (½ tasse) de vieux rhum brun

10 ml (2 c. à thé) de sauce Worcestershire

2 ml (1 c. à thé) de cannelle

1 ml (½ c. à thé) de clou de girofle en poudre

15 ml (3 c. à thé) de moutarde sèche

2 g (2 c. à thé) de sel

2 g (2 c. à thé) de poivre concassé

Quelques gouttes de Tabasco fumé, au goût

PRÉPARATION

1. Déposer tous les ingrédients dans un mélangeur. Mélanger à froid. Passer la sauce à l'étamine et réserver au réfrigérateur.

PISTES HARMONIQUES DES LIQUIDES

La réponse est dans l'introduction d'astuce aromatique !

AMANDE TORRÉFIÉE/AMARETTO/ÉRABLE

BRIOCHES À LA CANNELLE

ASTUCE AROMATIQUE

Magnifiée par les amandes torréfiées, le sirop d'érable et l'Amaretto, tous de la même famille aromatique que la traditionnelle cannelle, notre brioche se montre déjà gourmande au possible. Imaginez-la avec notre *dulce de leche* (voir page 204) utilisé comme glaçage : décadent !

INGRÉDIENTS

PÂTE

312,5 ml (1 ¼ tasse) de lait
8,75 g (1 ¾ c. à thé) de levure sèche
1 œuf
62,5 g (¼ tasse) de beurre ramolli
402,5 g (3 ½ tasses) de farine tout usage
62,5 g (⅓ tasse) de sucre
3,75 g (¾ c. à thé) de sel de mer
2,5 ml (½ c. à thé) d'extrait de vanille liquide

GARNITURE

150 g (¾ tasse) de cassonade
7,5 g (1 ½ c. à thé) de cannelle
62,5 g (¼ tasse) de beurre fondu
2, 5 ml (½ c. à thé) de vanille liquide
22, 5 ml (1 ½ c. à soupe) de sirop d'érable
5 g (1 c. à thé) d'Amaretto
62,5 g (¼ tasse) d'amandes torréfiées, réduites en poudre

PRÉPARATION

1. **Préparer la pâte.** Faire tiédir le lait puis y déposer la levure et l'œuf.

2. Dans le bol du robot culinaire, ajouter le beurre, la farine, le sucre, le sel et la vanille. Former un puits et y verser le lait contenant la levure et l'œuf. Pulser pour pétrir la pâte jusqu'à ce que tous les ingrédients soient bien amalgamés et que la pâte soit bien lisse et élastique. Déposer la pâte dans un bol, couvrir d'un linge et laisser reposer pendant 5 minutes.

3. **Préparer la garniture.** Dans un bol à mélanger, déposer la cassonade, la cannelle, le beurre fondu, la vanille, le sirop d'érable, l'amaretto et les amandes en poudre. Mélanger jusqu'à l'obtention d'une pâte lisse et homogène. Réserver.

4. À l'aide d'un rouleau à pâtisserie, étaler la pâte en un rectangle d'environ de 25 x 38 cm (10 x 15 po) sur une surface de travail légèrement farinée.

5. Tartiner uniformément la garniture à l'aide d'une spatule. Rouler la pâte avec les mains pour obtenir un boudin relativement serré.

PETIT-DÉJEUNER ET BRUNCH

6. Tailler le boudin en 12 tranches et déposer sur une plaque recouverte d'un papier sulfurisé. Couvrir les brioches avec une autre plaque pendant environ 1 heure (elles doubleront en volume).

7. Préchauffer le four à 180 °C (350 °F). Cuire les brioches pendant 20 à 30 minutes. Laisser refroidir 5 minutes puis déguster.

8. Conserver les brioches dans un contenant hermétique au congélateur.

PISTES HARMONIQUES DES LIQUIDES

Le cidre de glace québécois est sur la piste aromatique de la cannelle, tout comme l'Amaretto sur glace, le chocolat chaud à la cannelle et le capuccino !

« GOÛT DE FROID »

COMPOTE DE POMMES GRANNY SMITH À LA CORIANDRE FRAÎCHE ET HUILE D'OLIVE « CUITE AU MICRO-ONDES »

ASTUCE AROMATIQUE

Pomme et coriandre font partie des aliments que j'ai catégorisé « au goût de froid ». Par certains de leurs arômes, ils provoquent une sensation de fraîcheur en bouche, comme le fait le menthol pour la menthe. Lorsque l'on assemble les aliments au « goût de froid », la synergie qui s'opère entre eux met en lumière ce goût saisissant, particulièrement bienvenu en saison estivale.

INGRÉDIENTS

2 pommes Granny Smith, épluchées et taillées en 8 quartiers
7,5 ml (1 ½ c. à thé) d'huile d'olive
1 bouquet de coriandre fraîche

PRÉPARATION

1. Dans un plat en plastique (muni d'un couvercle) allant au micro-ondes, déposer les pommes et l'huile d'olive. Cuire les pommes à température maximale pendant 3 minutes.

2. Blanchir le bouquet de coriandre dans l'eau bouillante, puis le plonger immédiatement dans un bain de glace. Sécher, puis hacher finement.

3. Verser les pommes cuites et la coriandre dans un mélangeur, mixer jusqu'à l'obtention d'une purée lisse. Passer la purée dans un chinois et réserver au réfrigérateur.

Servez cette compote au « goût de froid » en accompagnement de plats épicés, ainsi vos papilles seront rafraîchies à chaque bouchée !

PISTES HARMONIQUES DES LIQUIDES

Vins blancs des cépages au profil anisé et « goût de froid » : sauvignon blanc/verdejo/romorantin/chenin blanc/garganega/greco di tufo.

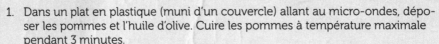

COMPOTE DE POMMES DÉLICIEUSES JAUNES AU SAFRAN « CUITE AU MICRO-ONDES »

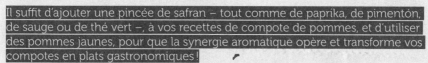

ASTUCE AROMATIQUE

Il suffit d'ajouter une pincée de safran – tout comme de paprika, de pimentón, de sauge ou de thé vert –, à vos recettes de compote de pommes, et d'utiliser des pommes jaunes, pour que la synergie aromatique opère et transforme vos compotes en plats gastronomiques !

INGRÉDIENTS

2 pommes Délicieuses jaunes, épluchées et taillées en 8 quartiers
7,5 ml (1 ½ c. à thé) huile d'olive
2,5 ml (½ c. à thé) de safran

PRÉPARATION

1. Dans un plat en plastique (muni d'un couvercle) allant au four à micro-ondes, déposer les pommes, l'huile d'olive et le safran. Cuire à température maximale pendant 3 minutes.

2. Verser les pommes cuites dans un mélangeur, mixer jusqu'à l'obtention d'une purée lisse. Passer la purée dans un chinois et servir chaude. Sinon, conserver au réfrigérateur pour la servir ultérieurement.

PISTES HARMONIQUES DES LIQUIDES

Si la compote accompagne vos filets de porc, servez-lui un chardonnay. Par contre, si elle accompagne des fromages, voguez vers un xérès de type fino ou manzanilla. Et si c'est pour le petit-déjeuner ou le brunch, alors faites bouillir l'eau pour un thé vert Gyokuro !

CRÊPES FINES À LA VANILLE ET RHUM BRUN

ASTUCE AROMATIQUE

Donnez un thème aromatique à vos crêpes, ainsi la porte de la créativité sera grande ouverte, tout comme la piste harmonique avec les liquides en sera facilitée. Ici, nous avons opté pour celle de l'érable et du sotolon – un composé volatil dominant dans la vanille, le rhum brun et la cassonade.

INGRÉDIENTS (POUR 8 CRÊPES)

115 g (1 tasse) de farine
50 g (¼ tasse) de cassonade
1 jaune d'œuf
1 œuf

7,5 ml (1 ½ c. à thé) vieux rhum brun
½ gousse de vanille
375 ml (1 ½ tasse) de lait
5 g (1 c. à thé) de beurre

PRÉPARATION

1. Dans un grand bol à mélanger, déposer la farine et la cassonade et mélanger au fouet.
2. Former un puits au centre du mélange et y déposer le jaune d'œuf, l'œuf, le rhum, la gousse de vanille grattée et le ⅓ du lait. Mélanger au fouet pour obtenir une pâte homogène.
3. Verser un autre ⅓ de lait en fouettant. Bien mélanger la pâte. Verser le reste du lait toujours en fouettant jusqu'à l'obtention d'une pâte lisse et homogène.
4. Dans une feuille de papier absorbant, déposer 5 g (1 c. à thé) de beurre au centre, puis replier le tout en forme d'aumônière (petite bourse) pour graisser le fond de la poêle chaude.
5. Au milieu de la poêle, verser une quantité suffisante de pâte à crêpe pour recouvrir sa surface. Prendre bien soin d'étirer la pâte pour que la crêpe soit la plus fine possible.
6. Dès que les pourtours de la crêpe deviennent dorés, la retourner, puis terminer la cuisson.

PISTES HARMONIQUES DES LIQUIDES

Un thé noir fumé et/ou vieilli, à la manière d'un Wulong ou d'un Pu-erh, fera sensation. Un verre de bière brune, de porto tawny, de madère bual ou de xérès oloroso sera plus que bienvenu. Et que dire d'un caramélisé et épicé vieux rhum brun nature ?!

POMME CARAMÉLISÉE/POIRE CARAMÉLISÉE/CURRY/FIGUE SÉCHÉE

CRUMBLE D'AUTOMNE

ASTUCE AROMATIQUE

Question de jouer dans l'univers aromatique de l'érable et du sotolon, les pommes et les poires sont légèrement caramélisées afin de créer plus de synergie aromatique avec les autres aliments. Puis nous avons remplacé le traditionnel gingembre d'un tel crumble par du curry en poudre, toujours dans l'optique de rester sur la trame du sirop d'érable. Qui s'assemble se ressemble, mais pas toujours !

INGRÉDIENTS

Noix de beurre
4 pommes (Gala ou Lobo), épluchées, en gros dés
1 poire (Bartlett), en gros dés
30 ml (2 c. à soupe) de sirop de riz brun (ou miel de sarrasin ou sirop de maïs foncé)

5 ml (1 c. à thé) de cannelle en poudre

5 ml (1 c. à thé) de curry en poudre

4 figues séchées, en petits cubes

6 abricots séchés, en petits cubes

75 g (½ tasse) de raisins secs

1 recette de crumble de base à la noix de coco (voir ci-dessous)

PRÉPARATION

1. Préchauffer le four à 180 °C (350 °F).

2. Dans une poêle bien chaude, déposer une noix de beurre et y mettre les fruits en dés. Colorer rapidement. Laisser tiédir.

3. Dans un grand bol à mélanger, verser le sirop de riz brun, la cannelle et le curry. Mélanger. Ajouter les cubes de fruits poêlés, les fruits séchés et les raisins secs. Mélanger de nouveau pour bien enduire tous les fruits.

4. Graisser un plat allant au four* avec un peu de beurre et y verser le mélange de fruits. Recouvrir du mélange de crumble à la noix de coco. Déposer le plat sur une plaque à biscuits et enfourner. Cuire pendant 40 minutes (selon la taille des fruits), jusqu'à ce que le dessus soit bien doré.

5. Servir tiède.

* On peut servir le crumble d'automne en portions individuelles en utilisant des ramequins de grandeur proportionnelle.

PISTES HARMONIQUES DES LIQUIDES

Sauternes/tokaji aszú/vin santo/porto tawny/xérès oloroso/bière brune scotch ale.

CASSONADE/NOIX DE COCO

CRUMBLE DE BASE À LA NOIX DE COCO

ASTUCE AROMATIQUE

Nous avons effectué notre crumble de base avec la noix de coco, question de jouer dans l'univers aromatique de l'érable et du sotolon, pour être en lien aromatique avec notre recette de crumble d'automne (voir page 202), qui, elle, est à base de pommes et de poires légèrement caramélisées afin de créer plus de synergie aromatique avec les autres aliments.

INGRÉDIENTS

100 g (²/₅ tasse) de copeaux de noix de coco, grillés

100 g (²/₅ tasse) de beurre froid, en cubes

100 g (⁷/₈ tasse) de farine

100 g (½ tasse) de cassonade

PRÉPARATION

1. Dans le bol d'un robot culinaire, déposer les copeaux de noix de coco grillés puis pulser pour réduire en poudre.
2. Ajouter le beurre, la farine et la cassonade, et pulser jusqu'à l'obtention d'une consistance d'un sable à gros grains.
3. Verser dans un contenant hermétique et réserver.

PISTES HARMONIQUES DES LIQUIDES

Lait de soya à la vanille, mais aussi : sauternes/tokaji aszú/vin santo/porto tawny/xérès oloroso/bière brune scotch ale.

CANNELLE/VANILLE/GOÛT DE CARAMEL

 # DULCE DE LECHE

ASTUCE AROMATIQUE

En réduisant longuement, le lait condensé développe des saveurs caramélisées, qui vont de pair avec la piste aromatique de la cannelle et de la vanille. Vos matins seront plus parfumés que jamais ! Imaginez maintenant utiliser ce *dulce de leche* comme glaçage pour notre plus qu'aromatique recette de brioches à la cannelle (voir page 199).

INGRÉDIENTS

1 boîte (300 ml – 1 ¼ tasse) de lait condensé Eagle Bran
½ gousse de vanille
5 ml (1 c. à thé) de cannelle en poudre

PRÉPARATION

1. Préparer 2 casseroles d'eau et mettre à frémir.
2. Déposer la boîte de lait condensé dans une casserole et faire chauffer à petits frémissements pendant 3 heures*.
3. Retirer la boîte de l'eau et laisser refroidir complètement sur le comptoir avant de l'ouvrir.
4. Ouvrir et verser le contenu dans un bol à mélanger.
5. À l'aide d'un couteau, fendre la demi-gousse de vanille en deux sur le sens de la longueur, puis gratter pour prélever les graines de vanille.
6. Ajouter la cannelle en poudre et les graines de vanille au lait condensé. Remuer pour bien incorporer le tout puis verser dans un contenant hermétique.

* Il est très important que l'eau n'atteigne jamais le point d'ébullition durant la cuisson. Dès que le niveau d'eau commence à baisser, verser l'eau chaude de la seconde casserole pour que la boîte soit toujours recouverte d'eau.

ASTUCE AROMATIQUE

Servir « sur » ou « avec » ces ingrédients, tout comme avec des plats dominés par le cacao, le girofle, les épices douces, le pain grillé, l'amande grillée… Et pourquoi pas avec un pain doré ou un pain perdu? Notre *dulce de leche* peut aussi servir de glaçage à gâteau! Chez la famille Modat-Sévigny, c'est l'une des meilleures garnitures pour les beignes de Noël!

PISTES HARMONIQUES DES LIQUIDES

Tout dépend de l'utilisation et de l'heure du jour! Un thé Wulong cuit, donc très torréfié, si c'est le petit-déjeuner. Puis, à toute autre heure du jour : sauternes/porto tawny/madère malmsey/bière brune/amaretto.

BASILIC

 # MARMELADE D'ORANGE AU BASILIC

ASTUCE AROMATIQUE

Comme pour tous les aliments, le profil aromatique de l'orange nous conduit vers des ingrédients complémentaires, partageant ce même profil, afin de créer une synergie de saveurs lorsqu'on les cuisine ensemble. Pour varier le parfum de cette marmelade, voir les autres pistes aromatiques proposées dans notre recette de cuisses de canard confites à l'orange et aux graines de coriandre (page 121).

INGRÉDIENTS

5 oranges navel non traitées
220 g ($7/8$ tasse) de sucre
½ bouquet de basilic

PRÉPARATION

1. Prélever le jus de deux oranges et réserver.
2. Tailler les trois autres oranges en rondelles fines, puis tailler celles-ci en deux.
3. Dans une casserole à fond épais, verser le jus d'orange et le sucre. Mélanger et porter à ébullition. Ajouter les morceaux d'oranges, mélanger et laisser cuire à feu doux pendant 30 minutes en remuant.
4. Retirer la casserole du feu et ajouter les feuilles de basilic ciselées au dernier moment pour prévenir l'oxydation. Mélanger la marmelade, puis la verser dans des pots Masson.

PISTES HARMONIQUES DES LIQUIDES

L'orange, c'est l'univers terpénique des vins de muscat, ainsi que de gewurztraminer et de riesling. À vous de choisir parmi les moelleux de ces trois cépages.

MARMELADE D'ORANGE À LA CORIANDRE

ASTUCE AROMATIQUE

Contrairement à notre autre recette de marmelade, où le basilic joue l'aliment complémentaire à l'orange, ici nous avons opté pour les graines de coriandre, aussi de même famille volatile que l'orange.

INGRÉDIENTS

22,5 ml (1 ½ c. à soupe) de graines de coriandre
5 oranges navel non traitées
220 g (⅞ tasse) de sucre

PRÉPARATION

1. Dans une poêle, torréfier les graines de coriandre à feu moyen jusqu'à ce qu'elles relâchent leur arôme.

2. Dans un mortier, déposer les graines de coriandre et les concasser finement à l'aide d'un pilon. Réserver.

3. Prélever le jus de deux oranges et réserver.

4. Tailler les trois autres oranges en rondelles fines, puis tailler celles-ci en deux.

5. Dans une casserole à fond épais, verser le jus d'orange et le sucre. Mélanger et porter à ébullition. Ajouter les graines de coriandre concassées et les morceaux d'oranges. Mélanger et laisser cuire à feu doux pendant 30 minutes en remuant.

6. Verser la marmelade dans des pots Masson.

PISTES HARMONIQUES DES LIQUIDES

Point de vin au petit-déjeuner, alors optez pour le très typé riesling thé blanc Bai Hao Yin Zhen 2011 Chine. Car l'orange, c'est l'univers terpénique des vins de muscat, ainsi que de gewurztraminer et de riesling.

MUSLI SUCRÉ AUX NOIX GRILLÉES AUX FIGUES

ASTUCE AROMATIQUE

Partant de la piste aromatique développée par les noix grillées d'un classique mélange de musli, nous y avons ajouté et privilégié les figues séchées, le sirop d'érable et le riz sauvage soufflé, partageant le même profil dominant (la piste du sotolon), pour un musli plus gourmand que jamais !

INGRÉDIENTS

RIZ SAUVAGE SOUFFLÉ (recette tirée de *Recettes de Papilles et Molécules*)

500 ml (2 tasses) d'huile végétale
50 g (⅓ tasse) de riz sauvage
Sel

MUSLI

175 g (1 ½ tasse) de farine
750 ml (3 tasses) de flocons d'avoine
250 ml (1 tasse) de riz sauvage soufflé
90 g (½ tasse) de cassonade
125 g (½ tasse) de figues séchées, en dés
40 g (⅓ tasse) de pacanes grillées
40 g (⅓ tasse) d'amandes grillées
40 g (⅓ tasse) de noix de Grenoble
5 g (1 c. à thé) de sel
60 g (¼ tasse) de beurre fondu
125 ml (½ tasse) de sirop d'érable
60 ml (¼ tasse) d'huile de sésame

PRÉPARATION

1. **Préparer le riz sauvage soufflé.** Faire chauffer l'huile dans une casserole haute jusqu'à ce qu'elle soit presque fumante.

2. Y jeter la moitié du riz et attendre qu'il remonte à la surface.

3. Récupérer le riz soufflé à l'aide d'une passoire fine. Recommencer l'opération avec le reste du riz.

4. Placer le riz soufflé sur un papier absorbant. Ajouter le sel.

5. Préchauffer le four 180 °C (350 °F).

6. Tapisser une plaque à biscuits d'une feuille de papier parchemin beurré.

7. **Préparer le musli.** Dans un grand bol à mélanger, déposer la farine, les flocons d'avoine, le riz sauvage soufflé, la cassonade, les figues, les pacanes, les amandes, les noix de Grenoble et le sel. Bien mélanger tous les ingrédients secs à l'aide d'une spatule.

8. Dans une casserole, verser le beurre, le sirop d'érable et l'huile. Chauffer à feu moyen jusqu'à ce que le sirop bouillonne.

9. Verser le sirop chaud sur les ingrédients secs et mélanger à l'aide d'une spatule jusqu'à ce que la préparation soit bien humectée.

10. Répartir la préparation sur la plaque. Enfourner et cuire environ 25 minutes, ou jusqu'à ce que les ingrédients soient bien dorés. Il est important de remuer le mélange souvent pour obtenir une cuisson uniforme.

11. Laisser refroidir environ 30 minutes avant de verser le musli dans un contenant hermétique.

PISTES HARMONIQUES DES LIQUIDES

De lait ! Et pourquoi pas un lait de soya à la vanille ? Mais pensez aussi au thé Wulong.

BANANE/CHOCOLAT/POIRE/SAUCE SOYA

PAIN AUX BANANES

ASTUCE AROMATIQUE

Banane et chocolat ont été unis depuis longtemps dans la fondue au chocolat. La piste aromatique en explique aujourd'hui le pourquoi et nous donne d'autres pistes de mariage, comme la poire et la sauce soya, de même profil que la banane. L'essayer, c'est l'adopter !

INGRÉDIENTS

GÂTEAU

50 g (¼ tasse) de margarine, de beurre ou d'huile d'olive
150 g (¾ tasse) de sucre blanc
1 œuf
5 ml (1 c. à thé) de sauce soya
1 poire, râpée
3 bananes bien mûres, écrasées grossièrement
155 g (1 tasse) de farine
5 ml (1 c. à thé) de poudre à pâte
50 g (⅓ tasse) de pépites de chocolat noir

GLAÇAGE

60 g (⅓ tasse) de cassonade
7,5 ml (1 ½ c. à thé) de sauce soya
85 ml (³⁄₈ tasse) de margarine

PRÉPARATION

1. Préchauffer le four à 160 °C (325 °F).

2. Dans un bol à mélanger, déposer la margarine (le beurre ou l'huile d'olive), le sucre, l'œuf et la sauce soya. Blanchir la préparation à l'aide d'un batteur électrique.

3. Ajouter la poire râpée et les bananes en battant le mélange.

4. À l'aide d'une spatule, introduire la farine et la poudre à pâte au mélange. Verser les pépites de chocolat.

5. **Préparer le glaçage.** Dans un bol à mélanger, déposer la cassonade, la sauce soya et la margarine. Mélanger à l'aide d'un batteur électrique.

6. Verser la préparation à gâteau dans un moule à gâteau rectangulaire préalablement graissé.

7. Verser le glaçage sur la préparation à gâteau.

8. Enfourner et cuire environ 30 minutes*.

* Pour vérifier la cuisson, insérer la pointe d'un couteau au centre du gâteau et si elle en ressort propre, le gâteau est cuit à point.

PISTES HARMONIQUES DES LIQUIDES

Gewurztraminer, amaretto, bière brune ou weizen Aventinus, bourbon, rhum brun ou saké Nigori.

QUICHE À LA CITROUILLE ET AU FROMAGE BLEU

ASTUCE AROMATIQUE

Après notre quiche aux asperges grillées pour amateur de vin rouge (voir page 49), voici notre version pour vin de glace canadien à base de vidal ! Idéale pour l'heure du brunch... Que des aliments de même famille aromatique, comme dans chaque recette de ce livre.

INGRÉDIENTS

250 g (½ lb) de pâte brisée au clou de girofle (voir page 173)

15 ml (1 c. à soupe) d'huile d'olive

500 g (1 lb) de chair de citrouille, taillée en cubes

2 oignons jaunes moyens, émincés

Sel de mer

4 œufs

100 g (3 ½ oz) de fromage bleu

100 g (3 ½ oz) de ricotta

2,5 ml (½ c. à thé) de muscade

5 ml (1 c. à thé) de curcuma en poudre

30 ml (2 c. à soupe) de gingembre frais râpé

PRÉPARATION

1. Préchauffer le four à 180 °C (350 °F).

2. À l'aide d'un rouleau à pâtisserie, étaler la pâte, puis la déposer dans une assiette à tarte. Foncer la pâte et la recouvrir d'un cercle de papier parchemin, ajouter des pois secs pour empêcher la pâte de gondoler (cuire à blanc), et enfourner. Cuire pendant 10 minutes.

3. Dans une casserole, verser l'huile d'olive, puis y déposer les cubes de citrouille et les oignons. Faire revenir jusqu'à ce que les oignons deviennent translucides. Ajouter de l'eau à niveau, saler légèrement et cuire jusqu'à ce que les légumes soient tendres.

4. Dans le bol d'un robot culinaire, déposer les œufs le fromage bleu, la ricotta, la muscade, le curcuma et le gingembre. Mélanger jusqu'à ce que la préparation soit parfaitement lisse et homogène.

5. Lorsque les légumes sont cuits, les verser dans un mélangeur. Mélanger jusqu'à l'obtention d'une texture lisse.

6. Dans un bol à mélanger, verser la purée de légumes. À l'aide d'une spatule, mélanger la préparation de fromage, petit à petit. Assaisonner.

7. Verser la préparation sur la pâte, puis enfourner. Cuire pendant 30 minutes. Laisser reposer. Servir.

PISTES HARMONIQUES DES LIQUIDES

Vraiment, cette quiche a été pensée pour vin de glace canadien à base de vidal. Citrouille et fromage bleu sont dans la même piste aromatique, tout comme curcuma et gingembre. Notez que les cidres de glace du Québec le sont aussi. Donc, n'hésitez pas à accompagner votre prochaine assiette de fromages bleus d'une purée de citrouille au gingembre, ainsi que d'un verre d'icewine de vidal ou de cidre de glace. Vous préférez boire sec avec cette quiche ? Alors, sélectionnez soit un gewurztraminer, soit une plus qu'aromatique malvasia bianca. « Y'en a pas de problème ! »

BALSAMIQUE/BEURRE D'ARACHIDE/CHOCOLAT NOIR

TARTINADE DE CHOCOLAT NOIR, RÉDUCTION DE VINAIGRE BALSAMIQUE ET BEURRE D'ARACHIDE

ASTUCE AROMATIQUE

Le balsamique et les arachides vibrent sur la même tonalité aromatique que le chocolat noir. À vous d'ajouter aussi un concassé d'arachides grillées à sec dans vos desserts dominés par le chocolat noir !

INGRÉDIENTS

175 g (³⁄₈ tasse) de chocolat noir (pistoles ou morceaux concassés)
125 ml (½ tasse) de lait
62,5 ml (¼ tasse) de balsamique
45 g (3 c. à soupe) de beurre d'arachide

PRÉPARATION

1. Dans un saladier en métal, déposer le chocolat noir, puis recouvrir avec le lait.

2. Préparer un bain-marie. Dans une casserole, verser une petite quantité d'eau et porter à ébullition. Dès que l'eau atteint le point d'ébullition, baisser le feu et y déposer le saladier.

3. Laisser fondre le chocolat à feu très doux. Dès que le chocolat est fondu, fouetter pour bien incorporer le tout.

4. Dans une petite casserole à fond épais, verser le vinaigre balsamique et le réduire de moitié pendant environ 4 minutes. Réserver.

5. Dès que le chocolat est entièrement fondu et homogène, ajouter le beurre d'arachide et fouetter de nouveau. Ajouter la réduction de vinaigre balsamique et bien incorporer à l'aide d'un fouet. Verser la préparation dans un contenant hermétique. Laisser refroidir. Couvrir et réserver.

PISTES HARMONIQUES DES LIQUIDES

Osez un très vieux rhum brun, vos papilles seront secouées de bonheur. De façon plus « soft », servez un porto tawny de plus ou moins 20 ans d'âge.

Index des principaux aliments complémentaires